Herausgegeben
von Josef Ertl

MARIA LOLEY
über Mitmenschlichkeit

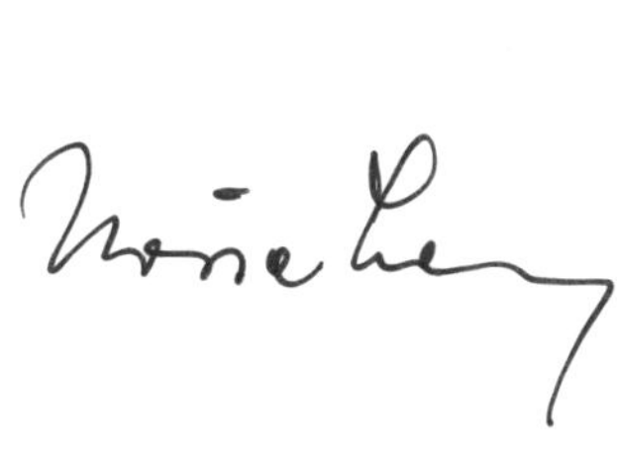

Bildnachweis:

APA/Schnarr: Seite 18, 20
APA/Schöbitz: Seite 97, 98
Wolfgang Bellwinkel, Bochum: Titelbild und Seite 29, 42, 47, 48, 49, 57, 65, 85, 92, 114
Newald, Wien: Seite 25
Rudolf Semotan, Wien: Seite 5
Peter Zimmermann, Mils: Hintere Klappe

1. Auflage 1996

Einbandgestaltung:
Herbert Wiesensarter, Bad Fischau

Gesamtherstellung:
Niederösterreichisches Pressehaus
Druck- und Verlagsgesellschaft mbH
A-3100 St. Pölten, Gutenbergstraße 12

ISBN 3 85326 065 9

Zum Geleit

Beliebigkeit ist eines der Schlagworte in unserer postmodernen Zeit. Alles ist möglich, nichts ist verbindlich. Aber in der Tiefe ihres Wesens bleiben die Menschen immer gleich: In einer Welt, in der alles vergeht, haben sie Sehnsucht nach dem, was bleibt. Sie fragen nach beständigen, unvergänglichen Werten, nach einer verläßlichen Orientierung in der Flut wechselnder Erscheinungen.

Wo wächst das Rettende, und wo ist Hoffnung? – Die Fragenden und Suchenden entdecken immer wieder, wie die Erfahrung zeigt, jene „Goldene Regel" der Bergpredigt, wo es heißt: „Was du nicht willst, daß man dir tut, das füge auch keinem anderen zu" oder: Wie du von den anderen behandelt sein möchtest, so behandle auch du sie. In einem so einfachen Grundsatz – denn alle wirklich großen Dinge sind einfach – wurzeln Mitmenschlichkeit, Rücksicht, Verständnis für die andern.

Auf solchen Wegen findet man den Frieden, im Kleinen wie im Großen. Es geht um jene Mitmenschlichkeit und Solidarität, für die Maria Loley steht und der dieses Buch gewidmet ist.

Wer sich solchen Grundsätzen und Werten verpflichtet weiß, der erkennt und spürt, daß man damit keine künstlichen Grenzen ziehen darf. Eine solche Mitmenschlichkeit gilt besonders gegenüber dem Fremden, dem Alten, dem Schwachen, dem Kranken, dem Behinderten, dem Ungeborenen. Im Bewußtsein solcher menschlich verbindender Grundwerte, gemeinsamer Verantwortung, gibt es keine Grenzen an kulturellen, religiösen, geschichtlichen und nationalen Barrieren.

Ein so gelebtes und verstandenes menschliches Miteinander wurzelt im Humanismus europäischer Kulturen, wird aber getragen und überhöht vom Gebot der Gottes- und Nächstenliebe, welches Jesus von Nazareth selbst als das erste und größte Gebot bezeichnete, für alle jene, die seine Botschaft ernst nehmen.

Mitmenschlichkeit in diesem Sinne ist aber nicht nur eine Sache der Christen und derer, die an Gott glauben; auch Menschen anderer Traditionen versuchen in der Praxis ihres Alltags solchen Grundüberzeugungen zu folgen, was deutlich darauf hinweist, daß der Geist Gottes überall am Werk ist.

Es ist wohl kein Zufall, daß an der vordersten Front solcher Mitmenschlichkeit und Solidarität heute viele Christen zu finden sind, die, vielleicht mehr als früher, versuchen, das Gebot der Gottes- und Menschenliebe in ihrem persönlichen Leben in die Tat umzusetzen.

Damit entsprechen sie ganz dem ersten Johannesbrief (4,19): „Wenn jemand sagt: Ich liebe Gott, aber seinen Bruder haßt, der ist ein Lügner. Denn wer seinen Bruder nicht liebt, den er sieht, kann Gott nicht lieben, den er nicht sieht.“ Das ist ein klares Wort.

Maria Loley ist eine beispielgebende Christin, die ohne Rücksicht auf die eigene Person, auf die eigene Sicherheit, Mitmenschlichkeit und Sorge für die Fremden zu ihrem Lebensinhalt macht. So kann das Beispiel ihres Lebens, inmitten der vielen Anfeindungen, uns allen Vorbild und Mahnung sein.

Ich hoffe, daß dieses Buch vielen Menschen helfen wird, in einer Zeit der Unsicherheit und Verwirrung den Grundsatz der gemeinsamen Menschenrechte nicht nur zu überlegen und zu diskutieren, sondern, so wie Maria Loley, in die Tat umzusetzen.

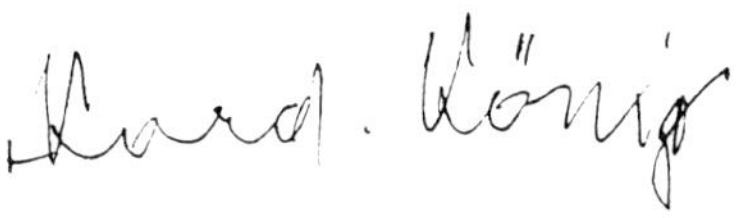

Franz Kardinal König

Inhaltsverzeichnis

Eine Frau aus dem Volk…

… außergewöhnlich im Tiefgang, außergewöhnlich im Einsatz, außergewöhnlich in der Milde. Das waren meine Gedanken, als ich Maria Loley zum erstenmal begegnete. Maria hatte im Herbst 1994 den erstmals verliehenen Preis des UNO-Flüchtlingshochkommissariates UNHCR erhalten. Meine Aufgabe war es, ein Portrait über sie zu verfassen, weshalb ich mit ihr rund eine halbe Stunde telefonierte.

„Es lohnt sich, täglich die kleinen Schritte zu tun." Dieses, Marias Motto beschäftigte mich. Bin ich doch von Berufs wegen ständig mit sogenannten großen Programmen konfrontiert, mit vermeintlich großen Erklärungen, welche die meisten von uns überfordern, mit Ungetümen, vor denen man ohnmächtig steht und die so wenig bis gar nichts ändern.

Maria lud mich ein, sie zu besuchen, mir die Arbeit mit den Flüchtlingen anzusehen, auf daß ich mir selbst ein Bild machen könne. Das tat ich denn auch. Ich war von ihr fasziniert – von ihrer Art sich zu geben, von ihrem gewinnenden Wesen, von ihrer Bescheidenheit. Ich bin fasziniert von ihrer Lebensweise, in der es die tiefe Kluft zwischen Erklärung und Tat nicht gibt …

Der Kontakt zwischen uns beiden intensivierte sich. Wir sprachen des öfteren miteinander am Telefon, abends, nach Redaktionsschluß, fuhr ich mehrmals von Wien hinaus nach Poysdorf, um sie in ihrem kleinen Haus, der Schaltstelle ihres Hilfswerkes, aufzusuchen.

So auch kurze Zeit vor dem Attentat. Maria war unruhig, sie litt unter der zunehmenden Fremdenfeindlichkeit im

Ort, es ging ihr schlecht. Wir sprachen über ihre Gefährdung und was man dagegen unternehmen könne. Drei Tage später explodierte die Bombe. Die innere Verbundenheit zwischen uns wuchs.

Ich eröffnete ihr die Idee, ein Buch über sie zu schreiben. Nicht so ein „normales", das den Tausenden von Neuerscheinungen bloß eine weitere hinzufügen würde. Ich dachte, ihr Wissen um die Nöte und Sorgen der Menschen und die Art und Weise, wie sie damit umgeht, all das sollte erhalten bleiben und vielen Menschen zugänglich sein. Wer immer dieses Buch lese, sollte davon für sein persönliches Leben profitieren.

Maria war dazu bereit. Nicht aus Eitelkeit, sondern sie sah darin eine Möglichkeit, Geld für die „Bewegung Mitmensch" hereinzubringen. Diverse Institutionen haben die Drucklegung des Buches unterstützt, der gesamte Erlös kommt den Flüchtlingen und Bedürftigen zugute.

Die Ereignisse rund um das Bombenattentat bilden den äußeren Rahmen. Das Kernstück des Buches sind freilich Marias „Erkenntnisse", die sie im Laufe ihres Lebens und im Zuge der Arbeit mit den seelisch und materiell Bedürftigen gewonnen hat. Das erste Kapitel schildert den Anschlag, die Leiden der Flüchtlinge, die sie betreut, spiegelt aber auch die negative Resonanz ihrer Arbeit in der Öffentlichkeit. Im zweiten Abschnitt, in den bereits erwähnten „Erkenntnissen", kommt Maria selbst zu Wort. Im dritten Teil, „Die Kraft des Guten ist unbezwingbar", gibt Maria Auskunft darüber, wie sie das Grauen der Bombe überwunden hat. Das vierte Kapitel überliefert Reaktionen auf das Attentat. Ein detaillierter Lebenslauf dieser außergewöhnlichen Frau beschließt den Band.

Josef Ertl

Wien, im Sommer 1996

Die Bombe

“ Gegen das Böse aufzustehen
ist ebenso Pflicht
wie für das Gute einzutreten. ”

MAHATMA GHANDI

Das Attentat

„Flüchtlingshelferin durch Briefbombe schwer verletzt!"

Der Briefbombenterror fand Montag vormittag (16. Oktober 1995) im nördlichen Niederösterreich seine Fortsetzung. Im Weinviertel explodierten zwei Postsendungen, zwei Personen wurden dabei zum Teil schwer verletzt. Eine dritte Briefbombe konnte rechtzeitig abgefangen und entschärft werden.

Die erste Briefbombe explodierte um 11.07 Uhr in Stronsdorf im Bezirk Mistelbach in der Praxis des Gemeindearztes Mahmoud Abou-Roumie. Der aus Syrien stammende 47jährige Arzt wurde an der rechten Hand verletzt. Er mußte in das Krankenhaus Mistelbach gebracht werden.

Wenig später, um 11.45 Uhr, detonierte im Postamt von Poysdorf, ebenfalls im Bezirk Mistelbach, die zweite Bombe. Dabei wurde die 71jährige Maria Loley, die mehrfach ausgezeichnete Gründerin der „Flüchtlingshilfe Poysdorf", an den Händen und im Gesicht schwer verletzt. In einer eineinhalbstündigen Operation im Krankenhaus Mistelbach mußten ihr zwei Glieder eines Zeigefingers amputiert werden. Laut behandelndem Arzt, Primarius Hans-Jörg Zinnecker, bestand am Montag abend keine akute Lebensgefahr mehr.

Maria Loley hat im Poysdorfer Postamt ein Brieffach angemietet. Montag holte sie ihre Post ab und begab sich zum

Kundentisch. Dort begann sie mit dem Öffnen der Briefe – die Bombe explodierte. Während der Detonation befanden sich drei weitere Personen im Schalterraum, von diesen wurde niemand verletzt. Nach Mitteilung von Loleys Mitarbeitern hatte die Briefbombe die „Liga der Menschenrechte" als Absender getragen. Sowohl Loley als auch ihre Mitarbeiter als auch die Bediensteten der Poysdorfer Post seien laut Innenministerium mehrmals angehalten worden, auf verdächtige Postsendungen zu achten. Maria Loley stand seit der ersten Briefbombenserie auf der vom Innenministerium geführten Liste von gefährdeten Personen.

Die Beratungsräume und das Büro der Flüchtlingshilfe sind im Kolpinghaus Poysdorf. Dort finden die Sprechstunden für die Flüchtlinge und Ausländer statt, deren Anliegen werden dort bearbeitet. Der Verein „Bewegung Mitmensch – Flüchtlingshilfe Poysdorf" hätte am 3. November konstituiert werden sollen. „Sofern es ihre Gesundheit erlaubt, wird das auch geschehen", war sich der Leiter der Familienberatungsstelle, Reinhold Mehling, am Montag nachmittag sicher, „diese Frau gibt nicht auf."

Mehling kennt auch Dr. Mahmoud Abou-Roumie persönlich, und zwar als Schularzt in der Handelsakademie Mistelbach, wo Mehling unterrichtet. Der Stronsdorfer Arzt konnte bereits Montag nachmittag aus dem Spital entlassen werden. Die Bombe verletzte einen Finger. Warum gerade er als Opfer ausgewählt wurde, konnte sich der Mediziner nicht erklären. Dorit, die Frau des Briefbombenopfers, arbeitet als Zahnärztin in Stronsdorf. Sie wurde nicht verletzt.

Der Gemeindearzt lebt seit 1979 in Stronsdorf. Er ist österreichischer Staatsbürger, das Ehepaar hat drei Kinder. Der Cousin des Opfers arbeitet als Primarius an der gynäkologischen Abteilung im Krankenhaus Melk. Er wurde umgehend von der Exekutive gewarnt. Als Absender auf der gegen Abou-Roumie gerichteten Terrorpost war eine Ärzteberatungsfirma in Tulln angegeben.

Eine dritte Briefbombe war dem Gynäkologen Chang-Sik Chung in Mistelbach zugedacht. Eine seiner Assistentinnen bemerkte zwischen elf und zwölf Uhr ein dickeres weißes Kuvert im Format A 6. Als Absender war die Ärzteflugambulanz St. Pölten angegeben. Das Schriftbild glich dem einer Typenrad-Schreibmaschine. Da der Assistentin in St. Pölten keine Flugambulanz bekannt war, legte sie das Kuvert zunächst beiseite.

Inzwischen war die Stronsdorfer Briefbombe detoniert, die zuständige Gendarmerie alarmierte sofort alle Ärzte mit ausländischem Namen. So auch den Mistelbacher Arzt – die Assistentin berichtete den Beamten von dem Schreiben. Die Exekutive beschlagnahmte die Postsendung und übergab sie dem Innenministerium zur Entschärfung.

Die Bomben wurden in St. Pölten aufgegeben. Sie weisen laut Chefinspektor Robert Sturm von der Einsatzgruppe zur Bekämpfung des Terrorismus (FRT) große Ähnlichkeit mit den Bomben der vorangegangenen Serien auf, eine genaue Analyse steht noch aus. Es sei anzunehmen, daß es sich um dieselbe Tätergruppe handelt. Laut Innenministerium habe man „damit gerechnet, daß während des Neonazi-Prozesses um die erste Serie neue Anschläge verübt werden können". Daher seien gefährdete Personen noch vor Prozeßbeginn eindringlich gewarnt worden.

Auszuschließen sei jedoch, so Michael Sika, Generaldirektor für die öffentliche Sicherheit, daß die Sonntag eingegangenen Drohungen gegen Helmut Zilk und Madeleine Petrovic in Zusammenhang mit dieser jüngsten Bombenserie stehen. Sonntag abend gegen 20 Uhr meldete sich ein anonymer männlicher Anrufer im Innenministerium und drohte mit einem Bombenanschlag, sollte Zilk am Montag gegen die Angeklagten Peter Binder und Franz Radl aussagen. Ein Anruf desselben Inhalts ging auch bei Petrovic ein.

Aus: DER STANDARD, 17. Oktober 1995, Seite 7

„Ich weiß, es muß erst etwas passieren."

Wien/Poysdorf – Maria Loley (71) fühlte sich seit mehreren Wochen stark bedroht. Sie hatte eine Reihe von Drohbriefen erhalten. Einige von ihnen waren – ebenso wie mehrere frühere Briefbomben – südlich von Wien aufgegeben worden. Besonders besorgt war Maria über einen Brief, in dem ihr und sieben namentlich genannten Mitarbeitern der Flüchtlingshilfe das Anzünden ihrer Häuser angekündigt wurde (siehe Brief auf Seite 24). Loleys Anwalt leitete den Brief weiter, worauf sie zwei Kriminalbeamte aufsuchten und mit ihr über ihre Gefährdung sprachen. Josef Ertl berichtet:

Am vergangenen Freitag abend besuchte ich Maria, wir hatten seit Monaten regelmäßigen persönlichen und telefonischen Kontakt. Es war gerade ein Mitarbeiter anwesend, mit dem sie sich über die Installierung einer Alarmanlage beriet. Sie hatte Angst, da sie eine bestimmte Person als einen der Autoren der Drohbriefe vermutete. Dieser hatte sich mehrmals öffentlich und lautstark gegen die Kriegsflüchtlinge geäußert. Nachdem wir die Vor- und Nachteile einer Alarmanlage mit einer Direktleitung zur örtlichen Gendarmerie beraten hatten, entschied sie sich dagegen, da sie meinte, das würde öffentlich bekannt werden. Und das wolle sie ganz und gar nicht.

Sie zeigte mir einen weißen Brief, den sie sich nicht zu öffnen getraut hatte. Der Absender mit „Evangelische Flüchtlingshilfe Traiskirchen" war offensichtlich gefälscht. Nachdem ich mir den Brief genau angesehen hatte, öffnete ich ihn. Er enthielt Drohungen und ausgeschnittene Zeitungsartikel aus der „Kronen-Zeitung", in denen Ausländer verschiedener Verbrechen beschuldigt wurden.

Wir überlegten, ob ich wegen der Drohungen einen Artikel im „Standard“ verfassen sollte. Wir kamen davon ab, da wir meinten, es würde die Drohbriefschreiber in ihren Intentionen bestätigen, wenn Maria und ihre Mitarbeiter ihre Angst öffentlich einbekennen. „Ich weiß, es muß erst etwas passieren“, sagte Maria.

Sie erzählte über die starke Fremdenfeindlichkeit im Ort. „Ständig wird mir vorgeworfen, ich bringe so viele Ausländer nach Poysdorf. Das stimmt überhaupt nicht.“ Nur eine einzige Familie sei zusätzlich nach Poysdorf gekommen, alle anderen seien durch den Krieg in Ex-Jugoslawien vertriebene Angehörige von Gastarbeitern, die schon seit Jahren und Jahrzehnten hier ansässig seien. Selbst viele sonntägliche Kirchenbesucher würden ihrer Arbeit kritisch gegenüberstehen, sagte Maria. Die Wurzeln für die Fremdenfeindlichkeit vermutet sie unter anderem auch im Nationalsozialismus.

Selbst die zahlreichen Preise konnten an der Fremdenfeindlichkeit in Poysdorf nichts ändern. Maria hatte 1994 den erstmals vergebenen, mit 100.000 Schilling dotierten internationalen Preis des UNO-Hochkommissars für Flüchtlingshilfe UNHCR erhalten. Im Frühjahr wurde sie mit dem Ehrenring der Gemeinde und dem Stefanus-Orden, verliehen durch Erzbischof Schönborn, ausgezeichnet. Von den Mitarbeitern des ORF-Landesstudios Niederösterreich wurde sie im Jänner 1995 zur Frau des Jahres gekürt. Am 29. September hat sie einen Anerkennungspreis der Bruno-Kreisky-Stiftung für Menschenrechte erhalten.

Aus: DER STANDARD, 17. Oktober 1995, Seite 7

CREDITANSTALT
öS 100.000,-
ahlen Sie an den Inhaber dieses Schecks
einhunderttausend Schilling
Betrag in Worten – kann in Österreich für Beträge oder Betragsteile unter
Schilling 1000,– entfallen
Freies Feld bitte streichen
Wien
Ort
27. 9. 199
Datum
Flüchtlingshilfe Poysdorf
Unterschrift
Kontonummer
Bankleitzahl
Betrag
Bitte dieses Feld nicht beschriften und nicht bestempeln

„Die Kraft des Guten ist einfach stärker als Haß und Verneinung."

„Jetzt habe ich es hinter mir", ist Maria Loley erleichtert. Die Operation ist vorbei, ebenso der seelische Tiefpunkt. Haß gegenüber den Tätern kann sie keinen empfinden, ganz im Gegenteil. „Ich verzeihe ihnen, ich habe Mitleid mit ihnen." Mit ihr sprach Josef Ertl:

Wien/Mistelbach – Maria ist am Montag abend, dem Tag des Attentats und der Operation, noch etwas geschwächt, als ihre engsten Mitarbeiter – Martina Öhlinger und Roland Hutyra – und ich sie im Krankenhaus Mistelbach besuchen. Maria ist auf Anweisung des Innenministeriums und des zuständigen Primars streng abgeschirmt. Vor ihrem Zimmer halten zwei Kriminalbeamte in Zivil Wache. „Mein Gehör hat heute etwas gelitten durch den lauten Knall", erzählt sie. „Nachher habe ich an die Dagmar Koller denken müssen, die gesagt hat, sie hat noch nie einen Menschen so laut schreien gehört wie ihren Helmut Zilk bei der Bombenexplosion."

Ob sie Schmerzen habe? „Ja, einen dumpfen an der linken Hand. Es hat mir den linken Zeigefinger weggerissen." Ihr Hals, Gesicht und Kopf sind von kleinen Wunden übersät, verursacht durch die Bombensplitter. „Einen Moment lang habe ich geglaubt, ich sterbe." Die Anästhesie habe ihr sehr zugesetzt.

Begeistert ist Maria von Maria Oppenauer, Angestellte der Volksbank und Gemeinderätin in Poysdorf. Diese habe ihr in ausgezeichneter Weise Erste Hilfe nach der Explosion auf dem Postamt geleistet. „Ein wirklicher Engel." Sie habe den Drang gespürt, ihre Post gleich auf dem Postamt und nicht erst zu Hause zu öffnen. Obwohl sie um ihre Gefährdung gewußt habe, Ziel einer Briefbombe zu sein, habe sie den Brief geöffnet, weil er den Absender „Liga der Menschenrechte" getragen habe. „Der kommt von der Kreisky-Stiftung, habe ich mir gedacht."

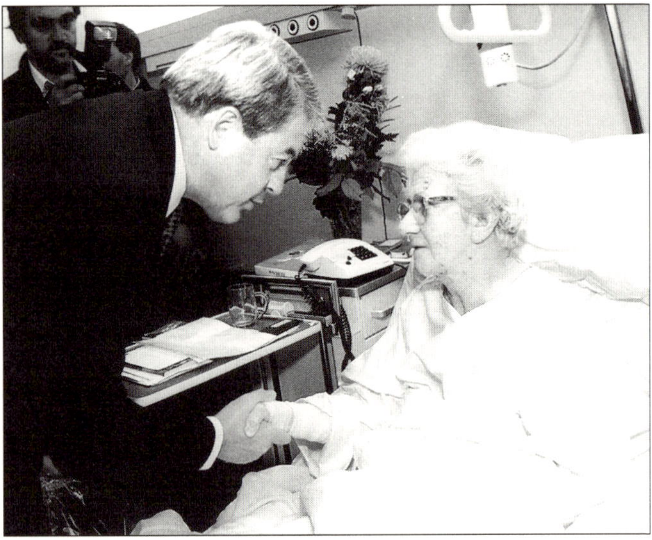

Schließlich bespricht Maria mit Martina und Roland jene Hilfsfälle, die dringend erledigt werden müssen.

Wir kommen überein, eine Erklärung zum Attentat abzufassen (siehe nachstehenden Text). Nach einem rund halbstündigen Gespräch müssen wir uns verabschieden. Die Schwester hat uns schon zum Gehen gedrängt. Maria ist sehr froh, daß wir da waren. Sie erwartet für 22 Uhr einen Anruf von Erzbischof Christoph Schönborn.

Am nächsten Tag besuchten Bundeskanzler Franz Vranitzky (Foto) und Niederösterreichs Landeshauptmann Erwin Pröll Maria. Sie gibt dem ORF-Mittagsjournal ein Interview, in dem sie sagt: „Ich bin überzeugt, daß in den Herzen der Täter der Haß nicht alles ist. Sie haben eine Tiefe in ihrem Inneren, wo sie vielleicht fähig sein könnten, mindestens zu überlegen, ob nicht doch eine Änderung ihres Lebens möglich ist. Sie haben das Gute in ihrem Herzen, nur ist es verschüttet. Ich hoffe mit der ganzen Kraft meines Herzens, daß es da einen Aufbruch gibt, daß sie zumindest innehalten und bedenken, dieses Töten nicht fortzusetzen."

Aus: DER STANDARD, 18. Oktober 1995, Seite 6

„Die sind die Ärmsten, die Gewalt anwenden."

Noch am Abend des Attentatstages (16. Oktober 1995) verfaßte Maria gemeinsam mit ihren Mitarbeitern am Krankenbett eine Erklärung, die am nächsten Tag über die Austria Presse Agentur (apa) an die Medien weitergeleitet wurde. Der Text im Wortlaut:

Es ist sinnlos, mit Gewalt gegen die Schwächsten unserer Gesellschaft vorzugehen, auch mit Gewalt in Worten. Letztlich bringt jede Gewaltanwendung den Täter selbst um. Ich verzeihe dem Täter und bete für ihn.

Hier fällt mir etwas aus dem Lebenslauf einer Flüchtlingsfrau ein, die um Asyl angesucht hat: „Nicht die sind die Ärmsten, die getroffen werden, sondern jene, die Gewalt anwenden." Es gibt nur einen Sinn und Weg, und das ist Mitmenschlichkeit.

Mir persönlich haben die Beschimpfungen sehr weh getan. Aber ich fühle mich jetzt sehr getragen von einer unbesiegbaren Kraft. Selbst wenn man stirbt, ist man nicht besiegt, das Eigentliche ist vom Tod unangreifbar. Die Kraft des Guten ist einfach stärker als jeder Haß und jede Verneinung.

Aus: Austria Presse Agentur (apa), 17. Oktober 1995

Geschmäht, bedroht, verleumdet

In den Wochen vor dem Attentat hatten sich die Drohungen gegen Maria Loley und ihre Mitarbeiter gehäuft. Maria fühlte sich zunehmend „mit dem Rücken an die Wand gedrückt". Die erste Drohung erhielt Maria genau an dem Tag, als sie von der Verleihung des UNHCR-Flüchtlingspreises (1994) nach Hause kam. Der Brief im Wortlaut:

Sie ganz großer Trampel

haben Ihrem Ort und ganz Österreich ungemein großen Schaden zugefügt. Sie Irrsinnige haben noch die Frechheit, Spenden zu erbitten. Wenn Sie unbedingt unter Tschuschen leben wollen, so wandern Sie aus. Dadurch würden Sie Ihrer Heimat einen ganz großen Dienst erweisen. Wer wird für die „Zuwanderer" in Hinkunft zahlen, wer wird die Kinder entlausen?
Sie gehören eingesperrt, ein Leben lang hinter Gitter oder in ein Irrenhaus. Auch dort wird man keine Freude mit Ihnen haben, denn Sie sind unheilbar. Verschwinden Sie aus Poysdorf, unserem Heimatland Österreich, Sie blöde Kuh! Sie sind ein ganz gemeiner Volksschädling, der über das schwerverdiente Geld von Landsleuten verfügt. Oder gehen auch Sie stehlen – für Ihre Lieblinge!

Wien, 25. September 1994
Kein Absender

Kurz vor dem Attentat erhielt Maria folgenden Brief, in dem nicht nur sie, sondern eine Reihe von namentlich genannten Mitarbeitern bedroht wurde:

Ihr bleden trotteln in poysdorf!

Ihr kristlichen o……, wir kennen eich alle namentlich und wisen, wo ir wohnt. wenn ihr eich weiterhin so einsetzt fir die huren jugo die s……… und Partisanen dann kommen wir und zinden eire heiser an … (es folgen einige Namen; Anm.). wie si sehen kennen wir eich . also obacht. am sonntag in der kirchn schu wir eich alle an. Odesilatel:
Bojovniki proti uprchlikum!
Smrt Bosancum!

Übersetzung des – fehlerhaften – tschechischen Textteiles am Schluß des Schreibens (es muß richtig Bojovnici – nicht: Bojovniki – und Bosnanum – nicht: Bosancum – heißen):
Absender: Kämpfer gegen Flüchtlinge!
Tod den Bosniern!

Poysdorf – Hauptstadt der Bosnienflüchtlinge?

War die Stimmung in Poysdorf gegenüber den Flüchtlingen ursprünglich durchaus positiv, so kippte diese durch den folgenden Artikel, der im Jänner 1995 in einer Lokalzeitung erschien, die an jeden Poysdorfer Haushalt ging:

Vor nunmehr 55 Jahren hatte Poysdorf die äußerst zweifelhafte Ehre, die erste judenfreie Stadt der damaligen Ostmark zu sein. Sechs Jahre später, 1945, wurden die Sudetendeutschen aus der kommunistischen Tschechoslowakei vertrieben und überschwemmten Poysdorf. Nun haben wir wiederum an die 700 Flüchtlinge (in erster Linie Bosnier) und Gastarbeiter in unserer Stadt, und wir müssen irgendwie zurechtkommen.

Da gibt es sicherlich viele Humanisten und Idealisten, welche sich mit hohem persönlichen Einsatz um die Bosnienflüchtlinge kümmern. Das Boot sei noch lange

nicht voll, hieß es im Ö-3-Freizeichen, und Poysdorf sei in der Lage, noch viel mehr Flüchtlinge aufzunehmen. Manche Leute profitieren auch von den Flüchtlingen. Sei es daß sie leerstehende Häuser vermieten können, sei es daß sie Hilfsarbeiter für den Hausbau oder für das Schneiden der Weingärten brauchen.

Aber es gibt auch Poysdorfer, die um Haus und Familie kämpfen und arbeiten müssen, von Montag bis Freitag von 7 bis 17 Uhr, und die keine Chance haben, aus dieser Situation Vorteile für sich herauszuholen. Da ist es nur schwer verständlich, daß der Staat einige tausend Schilling pro Monat für jeden Flüchtling ausgibt und daß obendrein 20 Millionen Schilling für die Vergrößerung der Volksschule notwendig sind!

Wenn die Regierung schon der Meinung ist, daß wir Flüchtlinge aufnehmen müssen, dann soll sie auch der Gemeinde die anfallenden Kosten (z. B. im Schul- und Kindergartenbereich) ersetzen. Sonst wird nämlich Flüchtlingspolitik auf dem Rücken unserer Kinder ausgetragen!

Die Flüchtlinge strapazieren nicht nur die finanzielle Situation der Gemeinde, sondern auch das soziale Klima in unserer Gemeinde. Wenn Flüchtlinge womöglich dutzendweise in feuchte Häuser eingepfercht werden, dann ist es kein Wunder, wenn Wut und Zorn und Aggression gelegentlich überschwappen!

Für die Gemeinde existiert das Thema jedoch gar nicht. Anstatt die Meinung aller Poysdorfer zu vertreten, wird das Feld den Idealisten überlassen. Diese „laissez faire"-Politik ist jedenfalls nicht geeignet, um ein menschliches und gewaltfreies Verhältnis zu den Flüchtlingen auch in Zukunft zu sichern.

Da dieser Artikel Behauptungen aufstellt, die mit den objektiven Tatsachen im Widerspruch stehen, hier einige Erläuterungen:

Im Oktober 1995 betrug die Zahl der Ausländer laut Poysdorfs Vizebürgermeister Johann Gemeinböck 220, das sind vier Prozent der Gesamtbevölkerung der Großgemeinde. Im Oktober 1994 waren 320 Flüchtlinge gemeldet. Laut Auskunft der örtlichen Gendarmerie gibt es mit den Flüchtlingen keine Probleme.

Leerstehende Häuser mußten intensiv gesucht werden. Häufig, aber nicht immer, waren sie Substandard. Im ersten Jahr, als die Wohnungssuche am dringendsten war, wurden von der Kirche der gesamten nördlichen Region dreizehn Häuser (überwiegend leerstehende Pfarrhöfe) zur Verfügung gestellt – ausnahmslos ohne Miete.

Der Einsatz als Hilfsarbeiter war ausgeschlossen, da es sich um „Schwarzarbeit" gehandelt hätte.

Die fallweise Verwendung in der Landwirtschaft kam über das Arbeitsamt zustande; eine Arbeitsbewilligung war Voraussetzung.

Zum Vorwurf der „einigen tausend Schilling" pro Flüchtling und Monat: Tatsächlich gab es die Bund-Länder-Hilfe von 1500 Schilling monatlich. Laut den „Poysdorfer Stadtnachrichten" vom Dezember 1995 erhielten diesen Betrag 29 Personen.

Die Gemeinde war also nicht an den Kosten beteiligt und deshalb auch keiner finanziellen Belastung ausgesetzt. Sobald einem Flüchtling durch das Arbeitsamt eine Arbeitsbewilligung erteilt wurde – Arbeitsbewilligungen waren kontingentiert! – erlosch die Hilfe. Darüber hinaus gab es die Arbeitsbewilligung nur dann, wenn kein Österreicher für den Arbeitsplatz zu bekommen war.

Die Vergrößerung der Volksschule war schon seit mehr als zehn Jahren in Planung. Es besteht demnach kein Zusammenhang mit den Flüchtlingen.

In den direkten Kontakten mit den Flüchtlingen ist von Problemen nichts bekannt. Die Kritik an den Flüchtlingen kam fast ausschließlich von Bürgern, die keinen direkten Kontakt zu den Flüchtlingen hatten.

Der Vorwurf, daß Flüchtlinge „dutzendweise in feuchte Häuser eingepfercht" worden seien, ist absurd. Soweit als nur möglich war man um eine menschenwürdige Bleibe bemüht. Aggressionen aus diesem Grund sind unbekannt.

Die Gesichter der Hölle: Protokolle der Verfolgten

In unzähligen Stunden haben Maria Loley und ihre insgesamt 60 Mitarbeiter seit 1992 vielen Flüchtlingen geholfen. Statistische Daten liegen kaum vor. Allein die Beratungsgespräche von Jänner bis Juni 1995 werden auf rund 700, die Zahl jener für die zweite Hälfte des Jahres 1994 auf 300 bis 400 geschätzt. Von August 1995 bis Juli 1996 wurden 600 Beratungen durchgeführt, von Jänner 1993 bis September 1994 1400 Klienten betreut.

„Mindestens ebenso viele kamen zu mir ins Haus", berichtet Maria, „denn die Menschen müssen über ihre Ängste reden können, damit ihnen leichter wird. Es ging nicht nur um sachliche

Belange. Wir haben für ihre Schmerzen und Tränen ein offenes Herz zu haben versucht. Sie haben gespürt, daß wir uns zu ihnen gehörig fühlen." Die Zahlen, so Maria, seien nur ein Bruchteil der wirklichen Arbeit. So seien zum Beispiel die Hausbesuche gar nicht festgehalten.

Eine gewisse Institutionalisierung trat im August 1995 ein, als das Innenministerium und das Land Niederösterreich Marias Arbeit mit Subventionen unterstützten und dadurch mit Martina Öhlinger und Roland Hutyra zwei Mitarbeiter hauptamtlich beschäftigt werden konnten.

Die folgenden Auszüge aus Asylansuchen sollen zeigen, mit welch schwierigen Fällen Maria und ihre Mitarbeiter konfrontiert waren. Zum Schutz der Betroffenen werden deren Namen nicht genannt. Es handelt sich um authentische Berichte, die behördlich protokolliert sind. In den knappen Aussagen spiegeln sich Leid, Schmerz und Verzweiflung im Übermaß. Die entsetzlichen Erlebnisse zeigen das Gesicht der Hölle, das Golgota eines der Völker von vielen – des bosnischen.

„Die Männer verbrannten bei lebendigem Leib."

Ein heute 39jähriger Mann erzählt:

Als die Serben anrückten, versuchte ich, mit einer Gruppe von ca. 130 Männern durch den Wald zu flüchten. Dabei wurden wir alle aufgegriffen. Drei Tage wurden wir im Wald festgehalten. Die Tschetniks schlugen uns furchtbar: mit Gewehrkolben, Holzstangen und Wasserschläuchen, an deren Enden eiserne Kupplungen waren. Ich hatte offene Wunden im Gesicht und am Hinterkopf und am ganzen Körper schwere Blutergüsse. Mit den anderen wurde ich auf einem Lastwagen in das Lager Omarska gebracht. Dort wurden wir wegen des Fluchtversuches als Extremisten bezeichnet und deswegen besonders grausam gefoltert.

Ich wurde in der „Garage", andere im „weißen Haus" untergebracht. Die „Garage" war ein Raum von fünf mal fünf Metern. Es wurden 162 Männer hineingepreßt. Es war keinerlei Bewegung möglich. Fünf Tage lang bekamen wir nichts zu essen und zu trinken. Insgesamt mußten wir in diesem Raum 28 Tage aushalten. Wir durften kein WC benützen. Jeder mußte seine Notdurft in dieser Zwangslage verrichten. Wegen Sauerstoffmangels starben einige. Die Toten konnten nicht umfallen, so zusammengepreßt waren wir. Sie wurden immer erst am nächsten Tag entfernt.

Nach fünf Tagen wurden wir hinausgetrieben. Wir bekamen ein Stück Brot und Wasser, wurden aber dabei heftig geschlagen. So war es während der ganzen „Garagenhaft", daß wir beim Brotholen geschlagen wurden.

Alle drei bis vier Tage mußten wir hinausgehen, damit der Raum mit einem Wasserschlauch von Exkrementen gereinigt werden konnte. Dabei wurden wir geschlagen oder mit dem Wasserstrahl bzw. mit dem Wasserdruck gequält. Einem meiner Mitgefangenen haben sie den Wasserstrahl auf den offenen Mund gerichtet und ihn auf diese Weise umgebracht. Nach der Reinigung mußten wir alle wieder in diese furchtbare Zwangslage. Während der 28 Tage dieser Folter durften wir uns kein einziges Mal irgendwohin setzen.

Nach den 28 Tagen kam ich in einen Raum, wo etwas mehr Platz war. Ein Tschetnik holte jeweils in der Nacht, wenn er Dienst hatte, sieben bis zehn Männer heraus, die nicht mehr zurückkamen.

In Omarska wurden Gefangene auf besonders grausame Weise getötet. So mußten wir uns aufstellen, und der

Tschetnik vor uns zeigte auf einen, der vortreten mußte. Dann schlug er mit einem schweren Hammer auf dessen Kopf, sodaß der Mann sofort tot war.

An einem orthodoxen Feiertag machten die Serben ein großes Feuer und verbrannten riesige Gummistreifen. Dann warfen sie Männer hinein, die bei lebendigem Leib verbrannten. Ich warf mich zu Boden und verdeckte mein Gesicht, um das nicht zu sehen, und hielt mir die Ohren zu, um die Schreie nicht zu hören.

Wir mußten auch zusehen, wie Männer sich auf einer Wiese hinlegen mußten. Dann trieben sie ihnen spitze Eisen durch die Hände und nagelten sie am Boden fest, bis sie an den Qualen starben.

Am 7. August 1992 kam ich in das Lager Manjaca. Der Transport erfolgte mit Autobussen. Auf der Fahrt wurden wir gezwungen, uns auf den Boden zu setzen und den Kopf auf die Sitzfläche zu legen. Dann kamen die Tschetniks und sprangen auf uns, traten uns mit den Stiefeln und schlugen uns. Ich wurde mit einem Gewehrkolben auf den Kopf und den Rücken geschlagen.

Als wir in Manjaca ankamen, wurden ich und die anderen wieder als Extremisten bezeichnet und für härtere Behandlung bestimmt.

Der erste Tag in diesem Lager war besonders furchtbar. Wir mußten hintereinander in eine Halle gehen. Vorher mußten wir uns total entkleiden. Als wir an der Reihe waren, mußten wir uns an die Wand stellen, die Hände hoch halten, und dann wurden wir ungefähr eine halbe Stunde lang geschlagen mit allem, was die Tschetniks zur Verfügung hatten. Unter anderem auch mit Kantholz, damit sie uns noch mehr Schmerzen zufügen konnten.

In den ersten zwei Wochen in Manjaca mußten wir auf bloßem Steinboden schlafen. Wir hatten kaum Bekleidung. Zweimal in 24 Stunden bekamen wir eine Schnitte Brot und leeren Tee oder ungesalzene Suppe.

Nach zwei Wochen kam das Internationale Rote Kreuz in das Lager. Dadurch wurde es etwas besser. Sie brachten uns Decken und Lebensmittel. Auch ein Arzt kam mit. Wir erhielten dann etwas mehr zu essen und auch mehr Wasser.

Am 13. Dezember 1992 wurde ich in das Lager Ratković verlegt, das immer wieder vom Internationalen Roten Kreuz inspiziert wurde. Am 4. März 1993 wurde ich entlassen. Ich bin einer Hölle entronnen und habe kein Zurück mehr. Mein Haus und mein Besitz sind zerstört. Ich möchte hier ein neues Leben beginnen dürfen.

„Tötet sie! Schlachtet sie!"

Ein 32jähriger Bosnier über seine Erlebnisse:

Am 8. April 1992 begannen die Serben, uns in unserem Heimatort F. mit Schießereien und brutalen Drohungen in Angst und Schrecken zu versetzen. Wir mußten mit erhobenen Händen aus den Häusern kommen. Alle, auch die Frauen und Kinder, wurden in ein Haus getrieben, mit Stiefeln getreten und mit Gewehrkolben geschlagen. Dann trennten sie uns Männer von den Frauen und Kindern. Dabei eiferten sich die Serben gegenseitig an, indem sie schrien: „Tötet sie! Schlachtet sie!"

Am 18. April wurden wir in ein Gefängnis gebracht. Wir wurden geschlagen und entwürdigend beschimpft, die Dokumente wurden zerrissen, Geld und Wertgegenstände weggenommen. Ich kam in einen Raum, wo schon über 100 Männer waren. Während der beiden ersten Tage bekamen wir nichts zu essen, wir wurden viel geschlagen. Ganz nach

Laune der Serben – „Du bist mir sympathisch" – wurden jene ausgesucht, die zur Folterung geführt wurden.

Ich wurde oft blutig geschlagen. Sie verwendeten Gewehrkolben, Schlagstöcke, Eisenrohre und Holzstangen mit Eisenkugeln an der Spitze. Sie verlangten von uns auch, uns gegenseitig zu schlagen. Wenn der Folterer meinte, es sei zuwenig, hat er mit demjenigen das Schlagen „geübt", den Betreffenden aber dann umso brutaler geschlagen.

Dabei wurden wir oft bewußtlos. Wir wurden mit kaltem Wasser übergossen, um uns wieder ins Bewußtsein zurückzuholen, damit sie uns weiter schlagen konnten. Oft glaubte ich, daß ich diese Qualen nicht überlebe. Viele haben tatsächlich nicht überlebt. Die Leichen wurden auf einen Lkw geladen und in die Drina geworfen.

Die Serben haben im Gefängnis eigene Folterkammern installiert, sogenannte Dunkelzellen. Hier wurden viele erschossen. Von den anfänglich 600 Gefangenen haben nur 170 überlebt.

Unbeschreiblich grausam wurde es, als einem Häftling auf dem Weg zur Arbeit die Flucht gelang. Wir mußten in einer nahe gelegenen Fabrik, in einem Bergwerk und auch im Wald arbeiten. Zunächst wurden alle, die mit dem Geflüchteten in einem Raum untergebracht waren, unter Schlägen verhört. Sie holten mich und fragten schreiend: „Wo ist er?" Ich antwortete, ich wüßte es nicht und ich kenne den Betreffenden auch nicht. Ich wurde in den Hof geführt und mußte mich mit dem Gesicht zum Boden hinlegen. Immer wieder schrien sie: „Wo ist er? Du mußt sterben!" Ein Serbe lud sein Gewehr und bohrte es mit dem Lauf so hart in meinen Nacken, daß ich große Schmerzen hatte. Ein anderer Serbe forderte meinen Folterer auf, damit aufzuhören.

Ich wurde in eine Dunkelzelle geführt. Vorher mußte ich mich ausziehen. In dem zwei mal drei Meter kleinen Raum lagen schon 17 Männer, blutend und teilweise bewußtlos.

Jene, die mich gequält haben, habe ich fast alle von der Schule oder vom Arbeitsplatz her gekannt. Sie fragten mich höhnend: „Na, Kamerad, wie geht es dir? Wir sind nicht mehr Freunde, jetzt sind wir Feinde!" Ich wurde schließlich in eine andere Dunkelzelle geführt, wo ich allein war. Der Wächter hatte den Auftrag, mich völlig niederzuschlagen. Das tat er aber dann doch nicht.

Dann kam ich wieder in eine andere Dunkelzelle. Zwei Tage bekam ich nichts zu essen. Später erhielt ich fünf bis sechs Löffel Suppe und etwas Brot. In dieser Zelle war ich insgesamt elf Tage eingesperrt. Da ich am Beton liegen mußte, war es sehr kalt. In der Nacht kamen betrunkene Serben, die mich traten und brutal schlugen. Ich konnte mich vor Schwäche und Schmerzen kaum mehr rühren. Meine Angst war unbeschreiblich.

Schließlich wurde ich in eine „bessere" Dunkelzelle verlegt. Wenn ich versuchte, ein paar Bissen zu essen, wurde ich geschlagen. Ich konnte aber vor Schmerzen den Mund sowieso nicht bewegen. Von den vielen Schlägen auf die Brust konnte ich kaum mehr atmen. In dieser Zelle war ich neun Tage. Die Folterungen aus Rache für den Geflüchteten dauerten insgesamt drei Wochen. Ansonsten hing die Intensität der Grausamkeiten von den Verlusten der Serben an der Front ab.

Am 23. Juni 1993 besuchte das Internationale Rote Kreuz das Lager zum ersten Mal. Von da an wurde es etwas besser. Am 6. Oktober 1994 wurde ich im Austausch gegen Tschetniks über Vermittlung des Roten Kreuzes freigelassen. Der Austausch erfolgte in Sarajewo auf einer Brücke. Zuvor noch haben sich die Serben daran vergnügt, uns psychisch fertigzumachen. So wurden Erschießungen vorgetäuscht.

„Jede Nacht wurden zwanzig erschossen."

Eine 64jährige Frau berichtet:

In den ersten Kampftagen in P., im Juni 1992, wurde ich von Tschetniks aus dem Haus geholt und in das Gefangenenlager Omarska gebracht. Ich wurde zwei Wochen festgehalten und mußte alle Grausamkeiten miterleben. Zu essen gab es nur ein Stück Brot pro Tag. Wir mußten am Boden schlafen. Jede Nacht wurden willkürlich 20 Personen herausgeholt. Sie wurden erschossen.

In den Nächten hörte ich die Schreie der Gefolterten. Ich wurde täglich gezwungen, beim Schlagen der Gefangenen zuzusehen. Wiederholt wurde ich von Soldaten in den Keller abgeführt und mußte bei Folterungen zusehen. Einmal wurde einem jungen Burschen mit einem spitzen Eisen ein tiefes Loch in den Hals gestochen. Ich weiß nicht, ob er überlebt hat. Ein anderes Mal mußte ich zusehen, wie ein Mann an den Füßen aufgehängt und geschlagen wurde. Ich fiel dabei in Ohnmacht. Die Soldaten übergossen mich mit kaltem Wasser, bis ich wieder bei Bewußtsein war. Ich wurde dann von der Polizei abgeführt und dabei so heftig geschlagen, daß ich zusammenbrach.

Ich kam schließlich in das Lager Trnopolje. Auch in diesem Lager wurden jede Nacht Personen erschossen. Auch die Frauen wurden geschlagen. Es gab noch weniger zu essen, manchmal ein Stück Brot für zwei Tage.

Nach einer Woche kam die Presse in das Lager (UNO oder Rotes Kreuz; Anm.). Die Frauen wurden in einem Holzschuppen versteckt und einige Tage später entlassen. Ich erhielt ein Entlassungspapier. Die ca. sechs Kilometer ging ich zu Fuß nach P. zurück, wo ich meine Schwiegertochter mit den Kindern antraf. Mein Sohn war bereits verhaftet und in ein Gefangenenlager gebracht worden.

Aus Angst vor einer neuerlichen Verhaftung hielt ich mich tagsüber nur im Haus auf. Die Nächte verbrachte ich jeweils bei verschiedenen Bekannten. Immer wieder kamen Tschetniks ins Haus und suchten nach Geld und Goldschmuck.

Am 23. März 1994 setzte in P. die gewaltsame ethnische Säuberung ein. Die Serben kamen, traten die Tür ein und räumten die Wohnung total aus. In meiner Angst und Verzweiflung flüchtete ich zur Nachbarin. In dieser Nacht wurden ca. 50 Personen erschossen. Vom 24. März bis 2. April hielt ich mich in einem Versteck auf. Es wurde mir mitgeteilt, daß auch mein Name auf jener Liste von Personen stand, die erschossen werden sollten.

Es fanden hektische Fluchtaktionen statt, da eine humanitäre Organisation aus dem Gebiet Personen mit Bussen herausholen konnte. Es gelang mir, mit einem solchen Bus aus P. herauszukommen.

„Es wurden ihnen die Finger abgehackt."

Ein 26jähriger Bosnier gibt zu Protokoll:

Bei Kriegsausbruch befand ich mich bei meinen Eltern in M. Weil der Ort beschossen wurde, flüchteten wir in den Wald. Im Oktober 1992 wurde ich in meinem Versteck aufgespürt und verhaftet. Beim Verhör hätte ich andere belasten sollen. Weil ich das nicht tat, wurde ich mit Gewehrkolben geschlagen und mit den Stiefeln getreten.

Im Lager Kalinovik wurde ich vier Monate festgehalten und mußte Bunker graben, Schützengräben ausheben und im Wald arbeiten. Alle Häftlinge wurden sehr viel geschlagen, auch in der Nacht, wie es eben den Tschetniks einfiel. Ich wurde dabei oft ohnmächtig. Zu essen bekamen wir in der Früh und abends ein Stück Brot und etwas Wasser und Tee, schlafen mußten wir am Betonboden.

Im Jänner 1993 wurde ich in das Lager Foča überstellt, wo ich ca. sieben Monate war. Die Behandlung war besonders grausam. Ich mußte mitansehen, wie Häftlinge abgeschlachtet wurden. Ich wurde ebenfalls mehrfach mit dem Messer bedroht, sodaß ich meinte, ebenfalls abgeschlachtet zu werden. Wir bekamen so wenig zu essen, daß viele vor Hunger starben. Zu essen gab es meistens eine Schnitte Brot und etwas Suppe, oft bekamen wir auch gar nichts. Wenn wir nicht zur Arbeit eingeteilt waren, durften wir den Raum nicht verlassen und mußten die Notdurft im Zimmer verrichten. Waschen durften wir uns kaum.

Oft wurden wir in den Gefängnishof geholt, wo wir furchtbar geschlagen wurden. Immer wieder wurde ich zum Verhör geführt, wo ich andere hätte belasten sollen. Ich wurde mit Eisenstangen blutig geschlagen und dabei oft bewußtlos. Ich mußte mit ansehen, wie anderen zum Beispiel die Finger abgehackt wurden. Ganz nach Willkür wurden Häftlinge erschossen. Es war schrecklich, die Schreie der Gefolterten zu hören. Ich hatte gräßliche Angst.

Die Serben verlangten auch, daß wir uns gegenseitig schlugen. Weil ich dazu nicht fähig war, wurde ich selbst umso heftiger geschlagen. Immer wieder verschwanden Gefangene, sie kamen nicht zurück.

Das Leben unter diesen Qualen wurde immer unerträglicher. Ich suchte nach einer Fluchtmöglichkeit. Im September 1995 bot sich dazu eine günstige Gelegenheit. Die Serben planten einen Angriff. Ich mußte mit einem Lkw als Vorhut fahren, weil das Gelände vermint war. Hinter mir folgten mehrere Lkws mit den Serben. Es waren rund 300 Mann. Im Wald, nahe bei den Schützengräben, wurde angehalten. Es herrschte Panik und große Aufregung, als die Serben von den Autos sprangen.

Ich nutzte diesen Moment, riskierte alles und rannte in den Wald, ohne darauf zu achten, was um mich herum geschah. Ich kannte das Gelände gut. Rund fünf Stunden schlug ich mich im Wald Richtung Berg Igman durch. Dort traf ich auf bosnische Soldaten, die mir zu essen gaben. Es gelang mir, über den Igman nach Hrasnica zu gelangen, wo mich Bekannte aufnahmen. Ich blieb dort bis Juli 1994. Schließlich gelangte ich nach Sarajewo und fand meine Schwester mit ihrer Familie. Während meines Aufenthaltes wurde sie durch einen Granattreffer schwer verwundet, und sie lag wochenlang im Krankenhaus.

Im September 1994 mußte ich mich bei der bosnischen Armee stellen. Nach einer Verwundung flüchtete ich nach Österreich. Nach all dem, was ich im Gefangenenlager durchgemacht hatte, war ich nicht mehr imstande, an der Front zu bleiben.

„Sie erweckt die Liebe wieder zum Leben.“

Wie wird Maria Loley von ihren Flüchtlingen gesehen? Die 31jährige J. B., Bautechnikerin aus Bosnien, schildert ihre Eindrücke:

Ich fürchte, daß ich in meinem Lexikon nicht genügend Worte finde, die ausdrücken, was ich für Maria Loley empfinde. Gleichzeitig stehe ich vor dem Problem, wie ich meine Gefühle für sie in Worte umwandeln kann.

Ich lernte sie kennen, als ich als bosnischer Flüchtling hierher kam. Ich hatte sogar vor dem Lachen Angst, weil ich Erfahrung mit dem Todeslachen gemacht habe. Sie haben gelacht, als sie unsere Freunde gefoltert und ermordet haben. Noch dazu habe ich die ganze Ironie des Lebens und des Schicksals kennengelernt. Ich begriff, daß wir nur Staub sind.

Maria Loley bot uns damals ihre Hände an. Es war uns wichtig, daß uns jemand zuhört, unabhängig von Hilfe. Maria kann gut zuhören. Sie verstand, daß wir menschliche Wärme und auch Unterstützung zum Überleben brauchten. Man kann nicht allein von der Liebe leben. Mit ihrer Selbstlosigkeit ermöglichte sie uns, daß wir wieder als normale Menschen denken lernten und unsere Leiden und den Haß teilweise vergessen konnten.

Wir können uns bei Maria Loley nur bedanken, die über soviel Liebe verfügt und sie immer an die anderen weitergibt. Einer unserer Dichter sagt: „Das Unsere ist nur das, was wir anderen weitergegeben haben.“ Sie verfügt über die Eigenschaft, die Liebe wieder zum Leben zu erwecken.

Sie besitzt auch eine so unschuldige Seele. Unsere Seelen sind wie ein Spiegel. Wenn uns jemand mit einem bösen Lachen entgegentritt, antworten wir auf dieselbe Weise oder mit einem schlechten Wort. Aber Maria schenkt trotzdem einen liebevollen Blick, ein nettes Wort, einen Händedruck oder eine Umarmung. Damit sagt sie uns, daß wir nicht allein sind. Auch sie ist nicht allein, denn wer solche Liebe schenkt, wird nicht allein gelassen.

Maria weiß, daß nur gute Taten wertvoll sind. Vielen Flüchtlingen haben sie und ihre guten Mitarbeiter ihre Sicherheit zurückgegeben, ein Zuhause geschaffen, Arbeitsbewilligungen besorgt, Bekleidung, Betten und Geschirr gesammelt. Sie hat das alles mit vollem Herzen gemacht. Dazu bedarf es der Liebe, Zeit, Kraft, Zähigkeit, Freude, Standhaftigkeit, des Elans, des Verstandes und des Geldes. Es bedeutet Schlaflosigkeit.

Ihr Herz ist für alle offen, und ihre Worte heilen die Wunden. Sie verstreut so viel positive Energie. Manchmal habe ich den Eindruck, daß sie mit den Menschen in Not telepathisch verbunden ist. Das alles vermag nur eine Person, die mit jeder Zelle ein Mensch ist. Ich habe sie deshalb sehr lieb.

Ich bin glücklich, einen Teil meines Lebens mit ihr zusammen verbringen zu dürfen.

Erkenntnisse

»Wahre Nächstenliebe ist mehr als die Fähigkeit zum Mitleid. Sie ist die Fähigkeit zur Zuwendung.«

MARTIN LUTHER KING

Bedürftigkeit

Der Mensch ist ein durch und durch bedürftiges Wesen. Bedürftigkeit ist der Urausdruck unseres Seins. Deshalb ist der Mensch in seiner Gesamtheit auf Empfangen hin angelegt. Ein Mensch ist natürlich, wenn sein Wesen diese Offenheit, zu empfangen, besitzt.

Wonach verlangt Bedürftigkeit? Alles ruft nach menschlicher Erfahrung. So braucht das Kind die Mutter und den Vater.

Hungert nicht heute der Mensch gerade danach? Nach dem Menschen, dem Mitmenschen? Droht der Mensch nicht zugrunde zu gehen an der Un-Menschlichkeit, der Isolierung, der Vereinsamung? In meiner Arbeit mit den Leidenden werde ich immer wieder mit der Aussage konfrontiert: „Ich habe niemanden …, ich habe niemanden …, ich habe keinen Menschen, der mich anhört, der mich versteht, der ein Gefühl für mich hat …“

Viele sagen: „So kann es nicht weitergehen.“

Wie aber soll es weitergehen? Der Wohlstand gibt keine befriedigende Antwort; der Leistungserfolg verliert seinen Glanz; der Lebensstandard, satt wie er ist, wird bald zum Lebensüberdruß; das Vergnügen zum Ekel.

Im Käfig des Machbaren Warum ist eigentlich nicht Erwartung unsere Grundhaltung, sondern Machbarkeit? Wenn mich der Machbarkeitsglaube erfüllt, setze ich allein auf meine Tüchtigkeit. Lernen wir doch von den Kindern, offen zu sein für das Empfangen. Wir würden reicher beschenkt werden, als wir ahnen …

Lernen wir es vom Kind: Nehmen wir unsere existentielle Bedürftigkeit als eine Chance der Verwirklichung und Entfaltung wahr und leben wir daraus bewußter. Suchen wir uns zu erkennen als Beschenkte, gehen wir diesen Spuren nach: Wir entdecken neue Dimensionen unserer personalen Existenz. Im dankbaren Annehmen und Empfangen entwikkelt sich in mir neue Freude, neue Kraft zum Tun, zum Engagement. Der Mensch, der empfangen kann, vermag dankbar zu sein. Dankbarkeit macht unser Herz weiter. Wenn mein Horizont nur den Bereich des Machbaren umfaßt, wofür sollte ich dann dankbar sein?

Stets aufs neue berührt es mich, ein Kind anschauen zu dürfen, es schweigend zu schauen.

Welche Tiefe und Weite liegt in seiner Offenheit, seiner Fähigkeit zu empfangen, in seiner Freude als Ausdruck der Dankbarkeit.

Wieviel doch schenken Menschen, deren Wesensgrund die Offenheit und das Empfangen sind. Sie sind die eigentlich Schöpferischen, die beleben und aufbauen gerade in der existentiellen Armut des Menschseins.

In vielen Nöten wurde mir immer klarer: Der Weg zurück aus der Sackgasse führt über das schlichte Ja zum Mitmenschen, wo immer ich ihm begegne. Im Ja zu ihm in meinen Gedanken, in meinen Gefühlen, in meinem Wollen. Es ist das bedingungslose Ja der Anerkennung und der Dankbarkeit, der Wertschätzung und der Achtung, der Einfühlung und des unbedingten Wohlwollens, der Bereitschaft zur Verantwortung und Sorge für den Mitmenschen.

»Der Mensch, der empfangen kann, vermag dankbar zu sein.«

Und das Bemühen, dieses Ja erfahrbar, spürbar werden zu lassen in der Zuwendung.

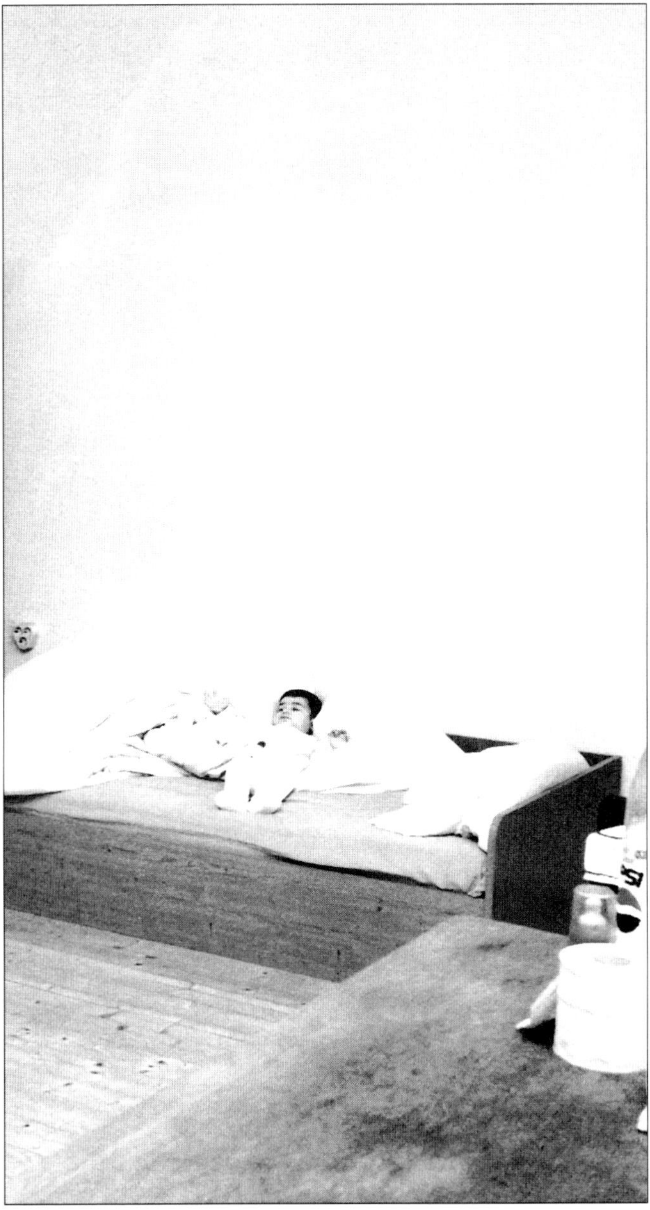

Mit der Bedürftigkeit allein gelassen

Es ist traurige Realität, daß es viel allein gelassene Bedürftigkeit gibt; daß wir uns so weit entfernt haben vom wirklichen Leben. Die Versagung auch nur eines existentiellen Bedürfnisses hat zerstörende Wirkung. Die Erkenntnisse der Psychologie erhärten, wie Defizite an Zuwendung die Persönlichkeit des Kindes nachhaltig schädigen und unheilbare Wunden schlagen.

Das Meer von Schmerzen so vieler, die an den ihnen zugefügten Grausamkeiten in ihrer Seele verbluten, ist groß. Ungezählte Male hallt der Todesschrei des Sterbenden von Golgota in den Abgründen menschlicher Verlassenheit wi-

der. Ich bin der Überzeugung, daß es weltweit noch nie soviel Alleingelassensein gegeben hat wie heute – trotz aller Perfektion technischer Kommunikationsmöglichkeiten. Angesichts des Versagens der Menschlichkeit empfinde ich diese machbare, nur allzu oft sinnentleerte Technik wie Hohn.

Doch was kann ein einzelner Mensch dagegen schon tun? Wie ein Narr komme ich mir manchmal vor, wenn ich immerfort von Mitmenschlichkeit spreche. Und Narrheit wäre es auch, wollte ich glauben, eine Botschaft an die Menschheit zu haben. Es wäre bloß eine Parole mehr in der Welt, und wie alle Parolen würde auch die meine im überlauten Getriebe der Zeit verebben. Will ich denn die Resignierenden in ihrer Haltung bestätigen?

Allein gelassen in der Bedürftigkeit, verneint in seiner personalen Einmaligkeit und angewiesen auf Bejahung: das ist der moderne Mensch in seinen zahllosen Gestalten.

Nur allzu oft erfahre ich in Gesprächen, wie sehr negative Kindheitserlebnisse Menschen immer noch belasten. Daß sie ungerechte Schläge, seelische Demütigungen nicht vergessen können. „Du bist dumm, du taugst zu nichts“, hieß es da – und Schlimmeres mehr …

Vor Jahren erzählte mir mit Schmerz ein Jugendlicher, daß er einst durch kindliche Unachtsamkeit einen Hausbrand verursacht hatte und wie vernichtend ihn damals der Zorn seines Vaters traf. Als Brandstifter habe ihn der Vater bezeichnet, ihn als verabscheuungswürdig von sich gewiesen. Diese Aburteilung hat sich in seinem Inneren festgesetzt, das Selbstwertgefühl war für sein ganzes Leben beeinträchtigt. Der Schmerz lebt in ihm fort, er kann ihn nicht loswerden …

Da sind die bosnischen Flüchtlinge, gedemütigt und erniedrigt, nur weil sie Moslems sind; unzählige Male sind sie in unsere Sprechstunden gekommen … Die durch Gewaltanwendung erzeugten negativen Gefühle, sie sind das zerstörerische Element, das dabei aufgebaut wird. Wie hart ist es doch, ein Leben lang von Schuldgefühlen geplagt zu sein, wenn niemand diese Not wahrnimmt.

Da ist der Großvater, dessen Frau verstorben ist. Die Jungen sind fort, in die Stadt gezogen. Er ist allein im Haus, vernimmt tagelang kein menschliches Wort. Als ihn endlich jemand besucht, hält ihn der Alte beim Abschied fest: „Was glauben Sie, wie gut es tut, in der eigenen kalten Hand eine warme zu spüren.“

Immer noch lastet der Tod eines etwa Fünfzigjährigen auf mir; er schied durch Selbstmord aus dem Leben. Kurz zuvor hatte ich ihn in einiger Entfernung auf der Straße gesehen. Ich hatte kein gutes Gefühl; ich wußte von seinen schweren Depressionen, weil er oft bei mir war. Später erfuhr ich, daß er vor seiner Tat noch einige Personen hatte aufsuchen wollen, aber niemanden antraf. Er hätte Hilfe gebraucht … allein hat er es nimmer geschafft. Noch heute stelle ich mir die Frage, weshalb ich ihm damals nicht nachgegangen bin und ihn angesprochen habe ...

Dieser Mann ist kein Einzelfall. Ebensowenig wie die Geschichte jener mir bekannten Frau, die eines Tages ihren Mann tot auffand und nicht die geringste Ahnung hatte von seiner depressiven Stimmung. Wie war es möglich, daß der Ehepartner nichts vom Leiden des anderen mitbekam? Die Frau konnte es nicht fassen, da sie der Meinung war, dem Mann könne doch nichts gefehlt haben. Die schwachen Äußerungen darüber, wie ihm zumute war, wie er sich fühlte, kamen nicht wirklich bei jemandem an.

Was mag wohl in dem zwölfjährigen Buben aus wohlhabender Familie vorgegangen sein, daß er sich im Keller des Großvaters erhängte? Das ganze Dorf war fassungslos, aber niemand wußte um die Gründe dieser Verzweiflungstat ...

Warum spreche ich von solch schrecklichen Dingen? Gerade die Tragödie des Selbstmords klagt unsere Stumpfheit mit aller Wucht und Härte an. Denn bis zum Selbstmord ist's ein langer Weg, und das Alleingelassensein ist einer seiner Meilensteine. Daher rufe ich es mir immer wieder ins Bewußtsein: Mitmenschlichkeit drückt sich aus und wird erfahrbar in der Begegnung.

Doch nehme ich den Mitmenschen auch wirklich wahr? Oder ist es vielleicht nur ein Vorbeigehen?

Lebe ich mit ihm, neben ihm, am Ende gar gegen ihn?

Begegnet ihm mein Blick, höre ich ihn? Tut sich in mir etwas auf für ihn? Ist mein Inneres offen?

Bin ich mir im klaren darüber, daß mich der andere wirklich etwas angeht? Und daß es da keinen Dispens gibt? Oder ist er mir lästig, weil er anstrengend ist? Akzeptiere ich, von seiner Last auch betroffen zu werden?

Wir können es nicht im voraus einschätzen, wie sehr auch ein schlichter Gruß, ein freundlicher Blick Begegnung erleben läßt und Alleinsein aufhebt.

Öffnung des Herzens

Mitmenschlichkeit darf nicht nur gedacht, darf nicht nur verstandesmäßig überlegt werden: Beziehung verlangt den ganzen Menschen. Wenn man den Mitmenschen bloß mit dem Verstand sieht, bleibt dessen eigentliche Tiefe unerkannt. Er wird dann gerade dort nicht angetroffen, wo er sich tatsächlich befindet: in seinen Empfindungen.

» Beziehung verlangt den ganzen Menschen. «

Allzu leicht ergeht man sich in Beurteilungen oder Verurteilungen. Man ordnet ein oder erteilt blutleere Ratschläge, um das Problem des Mitmenschen endlich abhaken zu können.

Wer nur verstandesmäßig agiert, geht mit dem anderen um wie mit einer Sache. Aber will ich denn das: eine Sache sein in den Händen des anderen, zum Objekt degradiert? Möchte ich so manipuliert sein, so abgetan werden? Ich habe Angst vor einem solchen Menschen; ich habe Angst, verwundet zu werden.

Ein offenes Herz für den anderen zu haben, setzt viel voraus. Es fordert unsere besten Fähigkeiten heraus. Ich selbst mache wieder und wieder die Erfahrung, daß das Herz sich nicht immer spontan, quasi von selbst, öffnet. Ich muß mich stets einüben, damit es nicht beim bloßen Gefühl bleibt. Ich muß den anderen wollen, muß das wollen, was ihn aufbaut, ermutigt und stärkt. Mit einem Wort, ich soll das tun, was ihm guttut. Ich muß immer aufs neue hinterfragen, ob ich aufrichtig bin in der Bejahung des Nächsten und mich nicht abhängig mache von Gefühlen der Sympathie oder Antipathie.

Begegne ich ihm mit Taktgefühl und Behutsamkeit? Respektiere ich seine Einmaligkeit? Je älter ich werde, desto mehr erkenne ich die Notwendigkeit des Lernens, die Notwendigkeit der täglichen Einübung in echte Mitmenschlichkeit. Dabei soll ich von der Erkenntnis ausgehen, daß mein Bemühen im Grunde doch schwach und hinfällig ist, großartig aber selbst dann nicht, wenn ich alles einsetzen würde, was mein Eigen ist.

Auf so nüchterne Weise betrachtet, ist mein Umgehen mit dem Mitmenschen etwas schlicht Normales. Den Nächsten annehmen, ihm das Herz öffnen ist in der Tat das Normalste auf der Welt.

Wessen muß mein Herz fähig sein, wenn ich mich öffne für den Nächsten? Ich möchte lieben können und darin den Haß überwinden.

Ich muß mir zum Beispiel eine voreilige Rede versagen können. Ich muß Respekt vor der Persönlichkeit des anderen haben können; ich möchte ja auch nicht despektierlich behandelt werden. Zum Respekt, der aufbaut, gehört auch die Achtung. Achtung legt mir Bedachtsamkeit nahe; es könnte ja sein, daß ich durch Unbedachtsamkeit den Mitmenschen verletze. Zur Fähigkeit, mit dem Herzen zu handeln, gehören Taktgefühl und höfliche Umgangsformen.

Was kommt aus dem Herzen, wenn es sich öffnet? Wozu ist mein Herz fähig, wenn es den anderen bejaht und anerkennt?

Ich kann mit dem anderen freundlich umgehen. Der Ton wird herzlich, der Blick gütig, die Rede wohlwollend. Wenn ich mir die Fähigkeiten meines Herzens nicht selbst verderbe, ist es möglich, dem anderen echte Freude zu schenken. Und sei sie noch so bescheiden, greifbar ist sie doch!

Nur ein offenes Herz ist zur Hilfe fähig. Hildegard von Bingen hat gesagt: „Güte weiß immer, was dem anderen not tut." Und Antoine de Saint-Exupéry wußte: „Man sieht nur mit dem Herzen gut."

Es sind die Kräfte des Herzens, nach denen unsere Welt hungert. Wenn es auch den Anschein hat, daß Brutalität und Grausamkeit siegen, die Bosheit überhand nimmt, der Haß die Spirale der Gewalt immer höher dreht und viele sich von noch mehr Härte die Wende (zum Guten?) erwarten, so ist das doch nur ein tragischer Irrtum.

» Nur ein offenes Herz ist zur Hilfe fähig. «

Den Ausweg findet allein das Herz. Die Kraft liegt in der Kleinheit und Schwäche. Und will sich – zum Hohn – Gewalttätigkeit als überlegen erweisen, es ist doch der Mensch des Herzens stärker als die Kräfte der Vernichtung.

Unserer Zeit sind viele Zeugen des Herzens geschenkt: Mutter Teresa, deren Beispiel Unzählige folgen, Martin Luther King und viele andere. Das sind die Menschen, die ein Sprichwort aus China meint: „Wohin du auch gehst, geh mit deinem ganzen Herzen."

Wir müssen den Mut haben, die kleinen Dinge des Herzens zu tun, weil es auf sie ankommt. Wir müssen den Blick nach innen richten, um innezuwerden, wessen das Herz fähig ist, wenn es dem Leben dient.

Ich denke da an einen jungen Menschen, dessen freundliches Wesen seine Umgebung geradezu verzaubert. Betritt er den Raum, spürt man förmlich die Aufhellung und das Frohmachende. Mir persönlich sind solche Begegnungen Antrieb, die sich täglich bietenden Gelegenheiten zu nützen, um bewußt Freundlichkeit zu schenken. Ich entdecke dabei immer wieder, wie die Kraft der Freundlichkeit mich selber auch glücklicher macht.

Mutter Teresa sagt: „Laß nicht zu, daß du jemandem begegnest, der nicht nach der Begegnung mit dir glücklicher geworden ist." Ich finde, es ist ein leichtes Unterfangen, ihrem Beispiel zu folgen, weil wir eben nur diesem einen Menschen diese froh machende Herzlichkeit zu schenken brauchen. Unser Herz freut sich mit uns, wenn das Gesicht des anderen strahlt und lächelt.

Sie mahnt aber auch zur Wachsamkeit, die Gelegenheit dazu nicht zu verpassen: „Laß nicht zu, daß ..."

Güte ist die Seele des Tuns Albert Schweitzer – auch er ein Zeuge der Kraft des Herzens – sagt: „Die Gütigkeit wirkt einfach und stetig. Sie erzeugt keine Spannungen, die sie beeinträchtigen. Bestehende Spannungen entspannt sie, Mißtrauen und Mißverständnisse bringt sie zur Verflüchtigung. Sie stärkt sich selber, indem sie Gütigkeit hervorruft. Darum ist sie die intensivste und zweckmäßigste Kraft."

Güte ist jene Kraft, die der Mitmenschlichkeit den überzeugendsten Ausdruck verleiht. Sie ist die Seele unseres Tuns. Güte ist eine Grundströmung, die viele Fähigkeiten des Herzens zur Entfaltung bringt. Güte ist die Kraft der Wertschätzung und Anerkennung, der Bejahung schlechthin. Güte ist das Klangvolumen des Wortes: „Wie gut, daß es dich gibt" ... „Ich danke dir" ...

Güte macht einfühlsam. Sie befähigt, die Not des anderen zu empfinden wie eigene Not. Güte macht sensibel für das, was den anderen aufbaut. „Pflege das Leben, wo du es antriffst", sagt Hildegard von Bingen.

Ein Mensch, der um Güte bemüht ist, kann nicht zugleich lieblos, kränkend oder verletzend sein. Ein Wesenszug der Güte ist Bescheidenheit und Zuvorkommenheit. Nur ein gütiger Mensch ist zärtlicher Liebe fähig und kann sie auch mitteilen, denn Güte ist Mitteilung des Herzens, die froh macht und ein Klima der Freiheit und Weite schafft. Wir dürfen nicht müde werden, Güte zu spenden.

„Weil die Güte immer weiß, was dem anderen not tut" (Hildegard von Bingen), versteht nur sie es, viele Töne anzuschlagen, die wiederum ein Ganzes bilden. Güte hat den festen Ton, wenn sie einen Zaghaften ermutigen soll. Sie wird zur Kraftübertragung, weil sie an das Gute im anderen glaubt und ihn damit erfassen kann: „Du wirst es schaffen" … „Du hast die Kraft in dir" … „Ich vertraue dir" … Güte hat den zarten, behutsamen Ton im Umgang mit dem Verletzten, dem Gekränkten. Güte kann väterliche, kann mütterliche Sorge zum Ausdruck bringen und zur Mahnung werden. Güte kann aber auch zurechtweisen, jedoch niemals durch Kritik von oben herab, sondern – im Bewußtsein der eigenen Fehlerhaftigkeit – stets mit den rechten Worten: „Glaubst du nicht, daß du falsch liegst" … „Überlege dir, ob dein Verhalten Mut macht" …

Das gesellschaftliche Gehaben ist geprägt von Indiskretion als einem Mittel der Machtbekundung – als einer Möglichkeit, sich des anderen zu bemächtigen, indem man ihn bloßstellt, seine persönlichen Dinge aufdeckt und weitergibt, dem Tratsch opfert, dem Spott und der Neugierde aussetzt, sie für Gerede mißbraucht. Güte aber entlarvt die Ungeheuerlichkeit der Indiskretion. Sie macht deutlich, wie sehr Indiskretion die personale Würde des Menschen auf eine meist irreparable Weise zerstört.

Ein gütiger Mensch kann viel Lieblosigkeit in seiner Umgebung verhindern. Er kann viel bewegen, einfach dadurch, daß er Güte schenkt. Man darf nur nicht, um mit Mutter Teresa zu sprechen, die vielen kleinen Gelegenheiten ungenützt verstreichen lassen, die sich im Alltag bieten. Bei dem, was in der jeweiligen Situation zu sagen ist, denke ich mir oft: Wenn ich das bewußt gütig, freundlich, herzlich sage, welch eine Atmosphäre der Mitmenschlichkeit da doch entsteht! Ermuntern wir daher einander im Gütigsein.

» Ermuntern wir einander im Gütigsein. «

Aufeinander zugehen

Einander begegnen bedingt ein inneres aufeinander Zugehen. Doch wie bewegt sich mein Ich hin zum Du?

Einmal im Blick. Jedem Schritt in diese Richtung geht der Blick voraus, mit dem man des anderen gewahr wird. Ist mein Blick offen auf ihn gerichtet? Eine Redensart, wenn auch negativ besetzt, betont dessen Bedeutung: „den anderen keines Blickes würdigen".

Der Blick – auf den anderen gerichtet oder an ihm vorbei – läßt erkennen, wie ich zum Mitmenschen stehe. Auf der Straße oder an einer Haltestelle läßt sich leicht ausmachen,

wie gleichgültig und stumpf unser Verhalten zueinander ist. Dabei ist nichts einfacher, als das zwischenmenschliche Klima aufzuhellen durch einen freundlichen Gruß oder ein Lächeln. Mutter Teresa sagt: „Wir werden nie wissen, wieviel Gutes ein schlichtes Lächeln vollbringen kann." Der Blick, der dem anderen positiv begegnet, der Gruß, der Freude am anderen ebenso zum Ausdruck bringt wie das Lächeln – das alles sind Zeichen, die in unserem Alltag nicht allzu oft gesetzt werden.

Warum tut sich so wenig in dieser Hinsicht? Ich denke, es ist für viele einfach nicht attraktiv genug, sich mit solchen „Kleinigkeiten" abzugeben, zum Beispiel mit dem Grüßen bewußter umzugehen. Wir belassen es meistens dabei, andere dahingehend zu belehren, unsere Kinder dazu anzuhalten: „Grüß schön!" Wir selber aber hinterfragen diesen Verhaltensmangel kaum.

Ich finde inneren Frieden nicht im Einfordern von Zuwendung. Ich finde ihn, indem ich gebe, was der andere nötig hat. Mir verschlägt es meist die Sprache, wenn ich hundertfach geschenkt erhalte, was – vielleicht zögernd – zu geben ich mich bemühe. Ich glaube, wo immer Menschen sich an die zweite Stelle setzen und auf den anderen gebend zugehen, wird die Nähe dessen spürbar, von dem all die Güte kommt und der die Quelle des Guten ist.

Ein Beispiel für positives Auf-den-anderen-Zugehen gab mir Sead. Auf die Frage, wie es ihm beim Schuleinstieg ergangen sei, erzählte er, daß ihn die Klassenkameraden häufig beschimpft hätten. Für manche von ihnen war der Vierzehnjährige bloß „der Tschusch", weil er nicht als ihresgleichen galt. „Es hat mir weh getan", sagte er. „Aber dann dachte ich mir, wenn sie nicht mit mir reden, werde

» Ich finde inneren Frieden nicht im Einfordern von Zuwendung. «

ich eben mit ihnen reden. Ich habe sie immer wieder angesprochen und habe mir nicht anmerken lassen, daß mir die Schimpfnamen weh tun. Dann haben auf einmal auch sie mit mir geredet, und jetzt sind wir gute Freunde."

Wie reagiere ich, wenn mir der andere unsympathisch ist, wenn mich seine Art stört, wenn ich ihn als unangenehm empfinde? – Abweisend, distanziert, um meinem negativen Gefühl gegenüber „ehrlich" zu sein?

Wie jämmerlich ist doch solch verlogene Ehrlichkeit. Viele meinen, dann ehrlich zu sein, wenn sie die Unordnung ihrer Gefühle gewähren lassen und dies in ihrem Verhalten zum Ausdruck bringen. Ehrlich ist das freilich nicht, sondern lieblos; es ist kein positives Zugehen, vielmehr ein Wegstoßen. Bedenke ich dabei, was meine sogenannte Ehrlichkeit im anderen anrichten kann? Vielleicht hätte er gerade in diesem Augenblick freundlichen Zuspruch nötig gehabt! Gutes zu unterlassen wirkt ebenso zerstörend wie direkte Bosheit, wenn auch auf andere Weise.

Ist es also möglich, trotz eigener negativer Gefühle positiv auf andere zuzugehen? Durchaus, denn Güte und Wohlwollen sind primär eine Sache des Willens. Ich will dem anderen Herzlichkeit geben und kann das auch, wenn ich meine innere Unordnung zurückstelle und sie nicht dem anderen aufbürde, und das um der Gerechtigkeit willen. Mir selbst tut es ja auch nicht gut, als unsympathisch eingestuft und beiseite geschoben zu werden.

Auf den Mitmenschen zugehen verändert ihn. Dessen bin ich mir sicher. Denn es kam einmal eine Flüchtlingsfrau zu uns in die Sprechstunde, eine Mutter von zwei Kindern, deren Mann in den bosnischen Wirren getötet worden war. Sie war von Hunger und Entbehrungen gezeichnet, ihr Gesicht drückte Hoffnungslosigkeit und Verlassenheit aus. Mit ganzem Herzen wendeten wir uns ihr zu. Sie tat uns sehr leid. Ihre Situation war wirklich trostlos. Es war uns klar, daß wir finanziell zu helfen hatten, aber notwendiger brauchte diese Frau spürbare menschliche Nähe. Wir deckten auch die Fahrtkosten ab, damit sie bald wieder zu uns kommen konnte. Als sie wiederkam, überlegten wir einen Moment lang, ob es auch wirklich sie sei, die da vor uns stand – so verändert war ihr Gesichtsausdruck; sie hat Halt gefunden, um weitergehen zu können. Ihr Leben und das ihrer Kinder bauen sich seither kontinuierlich auf, der tragischen Vergangenheit zum Trotz. Auf genau diese Weise gestalten wir unsere Flüchtlingsarbeit: Indem wir auf die Menschen zugehen und sie ebenso auf uns zugehen lassen.

»Auf den Mitmenschen zugehen verändert ihn.«

Es ist für uns immer eine große Verantwortung, so aufeinander zuzugehen, daß wir dem anderen dort begegnen, wo er sich tatsächlich befindet. Konkret heißt das, daß wir seine Werte entdecken, daß wir versuchen, seine Gedanken, Gefühle, Sehnsüchte und Schmerzen in unser inneres Auge zu bekommen. Allein die materielle Not zu lindern, genügt nicht mehr; es sind einfach zu viele, die schwer auch in der Seele leiden.

Das Zugehen auf den anderen hebt dessen Selbstwertgefühl in dem Maße, wie ihm Beachtung und Wertschätzung zuteil wird. Es verbreitert die Existenzbasis, steigert die Lebenskraft und vermittelt Lebensfreude, was wiederum anderen Kraft, Mut und Zuversicht gibt. Und es läßt etwas entstehen, das in unseren Tagen besonders rar ist, nämlich Dankbarkeit. Dankbarkeit zu zeigen macht einfach glücklich. Unter dankbaren Menschen scheint die Sonne heller und wärmer. Die Dankbarkeit beflügelt. „Dankbarkeit und Mitfreude sind die Zugpferde der Zufriedenheit, der Gelassenheit und des Wohlbefindens." (Klaus Laubeneder.)

Doch manche Menschen haben sichtlich Angst, auf andere zuzugehen; damit unterbleiben viele Erfahrungen von Mitmenschlichkeit. Sie sagen, sie könnten sich dem anderen nicht aufdrängen, es könnte ihm unangenehm sein, angesprochen zu werden. Obwohl so zu denken eigentlich unsinnig ist. Wie sollte denn jemandem, der Durst hat, das Angebot eines Glases Wasser aufdringlich erscheinen? Ich glaube nicht, daß es mir lästig ist, wenn man mit Wertschätzung und Freundlichkeit auf mich zukommt …

All diese Werte, die durch das Zugehen auf den Mitmenschen vermittelt werden, stellen keine „Einbahnstraße“ dar, sondern haben eine Wechselwirkung zur Folge, die Gebende wie Empfangende gleichermaßen bereichert. Wenn ich möchte, daß mein Mitmensch sich freut und wohl fühlt, so löst dies wie von selbst auch bei mir Mitfreude und ein Mitempfangen aus. Denn die Liebe ist das einzige Gut, das wächst, wenn man es verschenkt.

» Die Liebe ist das einzige Gut, das wächst, wenn man es verschenkt. «

NÄHE KANN AUCH BEDRÜCKEND SEIN Da Gutes nur insoweit gut ist, als es maßvoll ist, das heißt dem Maß des anderen entspricht, soll verhindert werden, daß übereifrige Mitmenschlichkeit den nötigen Abstand für wohltuende Nähe übersieht. Denn Nähe kann auch bedrückend sein, zumal dann, wenn der, der Nähe gibt, sich selbst zu wichtig nimmt. Er überschätzt sich damit und macht sich selbst zum Maß aller Dinge. Diese Abartigkeit ist durchaus nicht selten anzutreffen. Es gibt auch „Perfektionisten“, die sich als Quelle des Heils sehen und die da meinen, das Gute komme von ihnen. Das sind die Zwangsbeglücker. Die Konsequenz daraus: Bei aller Mitmenschlichkeit ist gesunde Selbstkritik allemal angebracht.

Jeder Lebensvollzug steht im Spannungsfeld von Entfaltungsdrang und Eingrenzung. In dieser Polarität sehe ich auch mein Zugehen auf den Mitmenschen, meine Beziehung zu ihm. Um belebend zu wirken, bedarf es dieser Spannung; sie muß freilich zu einem Gleichgewicht führen. Ich möchte das mit einem Wildbach vergleichen: Wenn die Dynamik seiner Fluten keine Grenzen findet, kann er großen Schaden verursachen. Ist er aber durch das Bachbett begrenzt, entwickelt das Wasser lebendige, positive Kräfte.

So etwa zerstört man ein Kind, wenn man ihm alles gibt, was es sich wünscht. Es braucht den Gegenpol der Versagung. Wenn man nämlich die Öffnung eines Menschen zum anderen hin nur eindimensional sieht, geht das Gleichgewicht verloren. Das rechte Verhältnis aber ist dann gefunden, wenn Öffnung und Zurückhaltung einander die Waage halten.

Das Gespräch

Aufeinander zugehen und miteinander sprechen sind eine Einheit. Im Sprechen offenbart sich das Innere des Menschen: ob ich den anderen bejahe oder ablehne; ob ich etwas für ihn übrig habe oder ob ich ihn abdränge. Es nützt nichts, von der Notwendigkeit gegenseitiger Bejahung zu reden, wenn ich nicht auf meinen Mitmenschen konkret eingehe, ihn dort, wo ich ihn antreffe, anhöre und mit ihm ins Gespräch komme. Das Gespräch ist der Raum, wo ich Bejahung, Wohlwollen und Verantwortung umsetze in die Erfahrbarkeit. Zweifellos ist das Gespräch nur ein Teilbereich des Mitmenschlichen, es ist nicht sein letzter. Aber es ist ein ganz entscheidender Bereich in der Entfaltung der Beziehungen zueinander.

Immer wieder sind Klagen zu hören wie „Ich habe niemanden, mit dem ich reden kann" ... „Es hat doch keiner Zeit" ... „Es hört einen keiner an" und „Es würde ja weitererzählt werden". Eine Frau in einer sehr schwierigen persönlichen Lage erklärte das einmal so: „Man braucht jemanden, der einem zuhört und von dem nichts weitergeht."

Zur grundsätzlichen Bejahung des Menschen zählt, daß ich für ihn Zeit finde, ihm ohne Vorurteile zuhören kann und absolut diskret bin. Die Verschwiegenheit ist so unerläßlich für den Aufbau einer zwischenmenschlichen Beziehung wie die Luft zum Atmen. In der Verschwiegenheit verwahre ich das mir Anvertraute, und damit drücke ich Respekt vor der Sache des anderen aus. Das wiederum ermöglicht, daß sich Vertrauen in die Zuverlässigkeit des Gesprächspartners entwickeln kann. Es vermittelt das sichere Gefühl, nicht allein zu sein.

Was steht im Vorfeld eines Gespräches? – Ein Mensch hat das Bedürfnis, bei einem anderen anzukommen. Er hat eine Erwartung. Erwartung hofft auf Erfüllung, mit dem Risiko, in der Erwartung enttäuscht werden zu können. Ob ein geplantes oder auch nur ein gelegentliches Gespräch: Am Anfang steht eine Erwartung, auf die ich mit Verantwortung reagieren muß. Gedankenlosigkeit an dieser Stelle kann nämlich viel verhindern, wenn nicht gar zerstören.

Einer Erwartung verfügbar zu sein verlangt, daß ich mich selbst loslasse und schlicht und einfach den kleinen Schritt vom Ich zum Du mache. Diesem kleinen Schritt können sich aber Hindernisse in den Weg stellen. Etwa wenn der andere mir ungelegen kommt, meinen Zeitplan durchkreuzt; ich eigentlich keine Lust habe, mir fremder Leute Sorgen anzuhören, oder ich es nicht zustande bringe, freundlich dem anderen zu sagen, ob es nicht ein andermal, doch bald schon, auch ginge, aus diesem oder jenem Grund. – Eine alte chinesische Spruchweisheit lautet: „Es kommt im Leben nur darauf an, sich selbst an die zweite Stelle zu setzen."

Für die Erwartung des anderen trage ich eine Verantwortung. Denn enttäuschte Erwartung hat immer Entmutigung zur Folge. Es ist ein grausamer Rückschlag, Nähe empfangen zu haben, die dann wieder entzogen wird, weil das ursprüngliche Interesse geschwunden ist. Treue und Kontinuität sind wesentliche Elemente in einem aufbauenden mitmenschlichen Kontakt.

» Ich trage Verantwortung für die Erwartung des anderen. «

Wie geht es mir dabei, wenn ich mich einer Erwartung gegenübersehe, von der ich zunächst keine konkrete Vorstel-

lung habe? Selbst wenn ich den Menschen kenne und mir vielleicht auch denken kann, was er von mir will, weiß ich es nicht wirklich. Ich muß versuchen, sozusagen die Position Null einzunehmen, mein inneres Terrain für den anderen frei zu machen, nicht besetzt zu sein von selbstfabrizierten Vorstellungen oder vereinnahmt von Gefühlen der Sympathie oder Antipathie. Sich selbst loslassen und Respekt haben vor dem anderen sind Voraussetzungen dafür, daß Menschen einander im Gespräch aufbauen.

Auf diese Weise kann ich dem anderen mit der Frage nach seinem Anliegen eine erste Brücke schlagen. Mein Gegenüber spürt dann, daß ich ihn nicht in einen Raster festgefügter Vorstellungen einordne.

Für mich gilt, daß ich mich völlig auf das Hören und Schauen einstelle. Ich möchte sagen: auf das Er-horchen. Das Horchen auf das Kommen des anderen verlangt von mir einfühlsame Achtsamkeit. Wenn der andere spricht, darf ich ihn nicht durch voreiliges Dazwischenreden irritieren, wenngleich eine taktvolle Zwischenfrage dem besseren Verstehen durchaus dienen kann. Ebenso darf ich meinen Gedanken nicht erlauben, vom anderen ein vorschnelles Bild anzufertigen oder mich gewichtig vorzuschieben, indem ich einwerfe, das alles auch schon erlebt zu haben. Damit würde ich bloß verhindern, daß der andere sich wirklich öffnet.

Eine eventuelle Schweigepause kann sich sehr positiv auf den anderen auswirken. Sie läßt dem anderen Zeit und ist auch ein ehrlicher Ausdruck für das eigene „Sich-Einsuchen“ in die Sache des anderen. Wichtig ist, daß der Blickkontakt gegeben ist.

Wie gehe ich nun mit dem konkreten Gesprächsinhalt um, der mir anvertraut wird? Ich darf ihn nicht nur hören, ich muß ihn auch auf mich wirken lassen, er muß in mir Gestalt annehmen. Ich muß den Mitmenschen erkennen, neu erkennen, tiefer erkennen;

muß erkennen, welche Werte ihn bestimmen, wo er sich in seinem Erleben gerade befindet, was ihm wichtig erscheint, wo er gewissermaßen „ansteht". Was empfindet mein Gesprächspartner bei dem, worum es ihm geht? Welche Gefühle der Bedrücktheit, der Verletztheit, vielleicht der Bitterkeit oder welche Gefühle der Sehnsucht bewegen ihn? Was löst seine Not oder sein Problem in ihm aus – Aggression, Aufregung, Zorn, Erlahmung, Mutlosigkeit, Resignation? Ich muß dafür ein Gespür haben.

Es ist entscheidend, in jedem Kontakt mit einem Hilfesuchenden Nähe zu geben. Eine Nähe, die alle Kräfte des Inneren umfaßt: das Mitdenken, das Einfühlen und Mitfühlen, das Suchen nach Auswegen; im Suchen nach Auswegen werde ich behutsam die Vorstellung meines Partners hinterfragen.

All das verlangt von mir, in diesen Dingen stets am Lernen zu bleiben, die Erfahrungen anderer zu bedenken, ja sie sich zunutze zu machen. Zu meinen schönsten Erfahrungen zählt das Unzählbare, das ich von meinen Klienten gelernt, aus ihrer Persönlichkeit gewonnen habe.

Dem Lernen ist förderlich, Gespräche, wie sie verlaufen sind, zu reflektieren, Mitmenschen zu meditieren, um ihres Wesens innezuwerden; sich mit ihnen im Inneren zu beschäftigen, sie dort verweilen zu lassen, sie zu „betrachten", sie „sprechend" werden zu lassen. Ich muß ebenso meine Reaktionen, mein Verhalten im Gespräch, meine Worte, mein Empfinden reflektieren, muß zu erspüren versuchen, wie meine Worte, mein Verhalten auf den anderen wirken. Es kommt nicht darauf an, wie ich es meine, sondern wie der andere in seiner momentanen Verfassung es empfindet.

Wem diese Kleinarbeit im Lernen nicht dafürsteht, wird nicht viel aufbauen.

Manche Worte des Gesprächspartners haben Signalwirkung. – Da kommt einer zu mir, sichtlich niedergeschlagen, alles hängt an ihm. Er beginnt das Gespräch mit den Worten: „Ich bin verzweifelt." Das macht mich betroffen. Denn dieser Mann steht am Abgrund. Er muß eine Hand fassen können, einen Haltegriff.

Betroffen sein läßt Nähe entstehen: den Gesprächspartner soviel wie möglich reden lassen, Wortbrücken schlagen – gerade dann, wenn sich im Augenblick kein Ausweg zeigt. Es muß Geduld aufgebracht werden mit ihm und für ihn. Vielleicht können zunächst nur verschiedene Möglichkeiten einer Lösung in Betracht gezogen werden, die auf beiden Seiten überlegt werden müssen, wozu es weiterer Gespräche bedarf.

„Betroffen sein läßt Nähe entstehen."

Gespräche werden nicht „erledigt". Ein Gespräch, und wäre es ein noch so geringes, hat seine unwiederholbare Einmaligkeit, im aufbauenden wie im herabmindernden Sinn: in der Bedeutsamkeit von Tiefgang wie an vergeudender Oberflächlichkeit und nichtssagender Inhaltlichkeit. Viele Aussprüche über Weisheit und weises Verhalten leiten sich her vom Charakter der Rede oder Redensart. Eine Persönlichkeit wird nicht zuletzt an der Integrität des Redens gemessen.

Wer gelöst mit seinem Mitmenschen kommuniziert, kann die Erfahrung einer dem Gespräch eigenen wechselbezogenen Dynamik machen, die eine steuernde Funktion einnimmt, sobald ich mich von der Liebe leiten lasse. Ich mache die Erfahrung, daß sich meinem mitmenschlichen Bemühen, wie bescheiden es auch sein mag, eine Kraft mitteilt, die nicht in mir den Ursprung hat. Es ist eine beglükkende und bereichernde Erfahrung zu sehen, wie Menschen, denen es um die Liebe zu ihren Mitmenschen geht, Gott bezeugen. Solche Menschen sind Hoffnungsträger in einer Welt der Dunkelheit.

Handeln

Schon als Kind hat es mich empört, wenn Hilfe ausblieb. Wenn zum Beispiel jemand Hunger hatte oder keine Schuhe. Für mich war es unvorstellbar, daß der Not nicht abgeholfen werden könnte. Wir waren zwar arm, aber meine Eltern haben immer teilen können. Meine Mutter war darin besonders erfinderisch und ein Vorbild tatkräftiger Hilfe. Ich erinnere mich da einer Begebenheit: Es war die Zeit der großen Not unmittelbar nach dem Krieg, als jemand zu uns kam, der elendiglich fror. Meine Mutter gab ihm kurzerhand meinen Wintermantel …

In diesem Milieu selbstverständlicher Hilfsbereitschaft aufgewachsen, hat mich schon in jungen Jahren eine Stelle aus dem Johannesbrief besonders angesprochen: „Wie kann die Liebe Gottes in dem bleiben, der hat, was er zum Leben braucht, und sein Herz vor dem Bruder verschließt, den er in Not sieht?" Und weiter heißt es da: „Laßt uns doch nicht mit den Worten und der Zunge lieben, sondern in der Tat und Wahrheit."

Diese Sätze tragen mich durch mein ganzes Leben. Denn ich bin nicht glaubwürdig, wenn das Reden mit dem Tun nicht übereinstimmt. Aber nach dieser Erkenntnis zu handeln, fällt uns nicht in den Schoß. Es gilt, sich stets aufs neue darum zu bemühen.

Wenn auch die Fähigkeit zuzuhören und inneres Offensein für den anderen vorhanden sein muß, weil darin Mitmenschlichkeit wurzelt, so hat der Öffnung des Herzens dennoch die Tat zu folgen. Ich beziehe aus der Heiligen Schrift klare Hinweise für mitmenschliches Verhalten. Ich denke da zum Beispiel an die Erzählung von dem Mann, der unter die Räuber fiel und dem schließlich der barmherzige Samariter geholfen hat, nachdem zwei Passanten achtlos an dem Verletzen vorübergegangen waren …

Auch unter uns gibt es viele Verletzte, gibt es viele blutende Menschen. Sie werden nicht einmal mehr wahrgenommen, und wenn, so rührt ihr Schicksal kaum jemanden. Freilich, wir können nicht verhindern, daß Not in der Welt ist. Die Frage ist, ob ich mich vom Schicksal derer, die von Not betroffen sind, berühren lasse oder ob es mich kaltläßt.

Mitmenschlichkeit verlangt von mir nicht nur Bejahung, Öffnung des Herzens, auf den andern Zugehen und das miteinander Reden. Mitmenschlichkeit verlangt auch Entscheidung zum Tun für den Nächsten. Es ist bedrückend, festzustellen, wie viele Menschen in der Not allein gelassen werden. Sogenannte „gute Ratschläge“ oder Schuldzuweisungen drücken den Menschen nur noch tiefer in das Elend.

Wenn meine Hilfsbereitschaft ehrlich ist, muß sie tatkräftig sein. Der Samariter der Bibel ist kein Halbherziger. Sein Mitgefühl zwingt ihn zum Handeln, als er des Verletzten ansichtig wird. Er ist betroffen, er reagiert spontan. Sein Termin ist jetzt zweitrangig. Der Fremde braucht sofort Hilfe, und so lindert er die Schmerzen. Damit ist es aber nicht genug: Der Verletzte muß in die Herberge gebracht werden. Geht er nämlich mit seiner Hilfe nicht aufs Ganze, wird die Not doch nicht gewendet. Denn im Augenblick ist nur er mit dieser Not konfrontiert. Er kommt für die Unterbringung auf; zudem versichert er dem Wirt, bei seiner Rückkehr den Rest zu begleichen.

Keine Halbherzigen waren auch die Menschen eines zeitgenössischen Dorfes hierzulande, als sich eines Tages die Schreckensnachricht verbreitete, daß Martha, eine Mutter von vier Kindern, bei einem Arbeitsunfall ums Leben gekommen ist. Beim Begräbnis drängen sich die Kinder an den Vater, der menschlich und existentiell am Ende zu sein scheint – ein Bild unsäglichen Schmerzes. Im Gespräch schnürt es dem Mann die Worte ab. Er sieht keinen Ausweg. Der sofortige Einsatz einer Familienhelferin hilft zwar über die ersten Hürden hinweg, löst aber das Problem nicht. Angesichts der Not bildet sich eine Gruppe, die sich bereit erklärt, durch Selbstbesteuerung für die Kosten einer Person aufzukommen, die sich um die Kinder sorgt und den Haushalt übernimmt. Diese Unterstützung blieb über Jahre aufrecht, bis die Kinder in der Lage waren, ihre eigenen Wege zu gehen.

Tat und Teilen gehören zusammen. Handeln aus Menschlichkeit, durch konkrete Teilnahme am Leben des anderen, und Teilen-wollen sind untrennbar miteinander verbunden. Wenn ich die helfende Tat an den Gewinn eines Lotto-Sechsers knüpfe, wird sie nicht zustande kommen. Es geht nicht darum, vom Überfluß etwas abzugeben, sondern einfach das zu teilen, was ich habe. – In der materiellen Not der Nachkriegszeit geschah es einmal, daß ich nicht wußte, wovon ich am nächsten Tag leben sollte. Gerade an diesem Tag kam der Briefträger mit einem Kuvert. Es war ein Geldschein darin, dazu das Begleitschreiben einer befreundeten Frau. Sie schrieb mir, sie hätte in den Nächten davor intensiv von mir geträumt. Das beunruhigte sie offenbar, sie dachte, es ginge mir schlecht. Deshalb hat sie – für alle Fälle – einen Geldschein beigelegt, den ich – so oder so – gut werde brauchen können.

» Tat und Teilen gehören zusammen. «

Ich habe in meinem Leben keine andere Erfahrung gemacht als jene, die Jesus in der Bergpredigt anspricht: „Euer Vater weiß, was ihr braucht, sorgt euch nicht ängstlich.“ Das war das Wurfseil, an dem ich mich aus einem Tief immer wieder emporzog. In der Stunde der Schwäche habe ich gelernt zu vertrauen.

Als wir für unsere Flüchtlinge wieder einmal kein Geld hatten, schickten wir Bittbriefe aus. Unter den vielen Reaktionen fand sich auch eine Überweisung in der Höhe von 20.000 Schilling. Auf dem Zahlschein stand, mit zittriger Hand geschrieben: „Bitte keinen Dankbrief, denn die Rechte braucht nicht zu wissen, was die Linke tut."

Erst kürzlich erhielt ich den Anruf eines Mannes, der einen Teil der staatlichen Sozialleistung, die er bezog und die er nicht unbedingt brauchte, einem Studenten aus Sarajewo zur Verfügung stellte, der durch die Explosion einer Mine beide Beine verloren hat und eine Spezialprothese benötigt. Er tat, was ihm sein Herz eingab. Und er versprach, auch seine Freunde aufzufordern, ebenfalls zu spenden.

Keiner dieser hilfsbereiten Menschen gab jemals den „guten Rat", hier sollte diese oder jene Institution zur Hilfe schreiten, da sie dafür zuständig und obendrein dazu angehalten sei. Ohne die Notwendigkeit unterstützender Einrichtungen in Frage zu stellen: die spontane Hilfsbereitschaft von Mensch zu Mensch ist unersetzbar.

Schritt für Schritt

Wenn Mitmenschlichkeit lebensgestaltend und gemeinschaftsbildend wirken soll, so muß sie sich an den Vorgängen in der Natur orientieren. Mitmenschlichkeit ist kein Konstrukt, kein Programm, Mitmenschlichkeit ist wachsendes Leben.

Ich sehe vor mir eine Wiese im Frühling, wo sich grünendes Leben in kleinen und kleinsten Schritten entfaltet. Was ist ein einzelner Grashalm, ein einzelnes Gänseblümchen? Jeder Halm wächst, und jede Blüte entfaltet sich. Das Faszinierende und Wunderschöne liegt in der Vielfalt der einzelnen Wachstumsschritte. Solcherart ist sich entfaltende Mitmenschlichkeit in kleinsten Schritten vom Ich zum Du.

Diese kleinsten Schritte, unverdrossen und gleichmütig vollzogen, entfalten eine Dynamik, die Unglaubliches bewirkt. Denken wir nur an den Grashalm, der imstande ist, einen Stein zu sprengen. Oder an die Wurzeln eines Baumes, die die Asphaltdecke einer Straße heben.

Doch was sich im Leben entfalten soll, muß langsam wachsen können. Es braucht Geduld. Wenn wir auf die Geduld der Natur zu achten vermögen, dann wird es uns auch besser gelingen, natürlicher zu leben. Denn das Leben vollzieht sich nie in großen Sprüngen, sondern in kleinen Schritten.

Der Mensch ist von sich aus ein strebendes Wesen mit unbedingter Erfolgserwartung. In diesem Zusammenhang fällt mir ein altes Bauerngebet ein: „Mensch, hast du es je bedacht, es wächst viel Brot in der Winternacht … in

Schnee und Eis.“ Wir werden heute geradezu beherrscht von der Vorstellung, daß für uns alles machbar ist. Wir tun uns schwer mit dem Wachsen- und Werdenlassen. So manche Lebensoption junger Menschen scheitert am vorschnellen Habenwollen, an der Unvereinbarkeit der Forderungen mit den Wachstumgesetzen der Natur. Äußeres kann zwar rasch vollzogen werden, wenn die Not es gebietet, doch gelingende Hilfe baut auf der Grundlage der Geduld auf.

» Das Leben vollzieht sich nie in großen Sprüngen, sondern in kleinen Schritten. «

Es erfüllt mich stets mit tiefer Dankbarkeit, wenn sich nach Jahren erst zeigt, was eine vor langer Zeit gegebene Zuwendung hat wachsen lassen. In Einfachheit geschenkte Mitmenschlichkeit ist wie ein Samenkorn, das zu seiner Zeit Frucht bringen wird. Alle Lebensentfaltung hat ihre Zeit – auch das muß bejaht werden. Der Mensch gewinnt an Gelassenheit im Zusammenwirken von Natur und eigenem Bemühen, in der Übereinstimmung mit den innewohnenden Gesetzen des Wachstums. Er bringt dann die Geduld auf, zu warten, die Dinge werden und reifen zu lassen.

Solch naturhaftem Beispiel vermag der Mensch von heute nur schwer zu folgen, da sein Lebensrhythmus vielfach vom technisch Machbaren dominiert wird. Die Technik hat eine gewisse berauschende Wirkung. Sie gibt dem Menschen ein Gefühl der Macht, das im Grunde irrig ist. Doch entscheidet sich der Mensch nicht nur aus freien Stücken für die Technik, sie wird ihm im Berufsleben auch aufgezwungen. Zwischen dem technisch Machbaren, dem Tempo dieser Abläufe und den Wachstums- und Entfaltungsvorgängen in der Natur liegt ein Widerspruch.

Das Machbare entwickelt eine Eigendynamik sowohl hinsichtlich des Tempos als auch der Beherrschung, wenn es sich vom Urgrund des Wachsens und Werdens löst. Beschränkt aber der Mensch seinen Lebenshorizont auf das Machbare, wird er sich diesen konstruierten Rhythmen kaum entziehen können. Wenn jemand über die Hektik des Alltags und dieses alles beherrschende Tempo klagt, sagt er damit nicht aus, daß ihm der Boden unter den Füßen schwindet?

Eine Frau erzählte mir einmal, sie habe viel gearbeitet und sich so alles geschaffen, was sie sich an Komfort für ihr Leben vorstellen konnte. „Jetzt habe ich alles, und jetzt ist mein Leben uninteressant geworden", gestand sie sich ein. Ein anderes Beispiel: Ein junger Mensch, der Selbstmord beging, zählte in seinem Abschiedsbrief all das auf, was er besaß, einschließlich seines Flugzeuges. Dem fügte er hinzu, daß sein Leben keinen Sinn mehr habe.

Die vielen Versuche, alternativ zu leben, deuten in eine bestimmte Richtung. Sie markieren den Ausbruch aus dem Teufelskreis des Habens und des Machbaren. Ich schöpfe daraus Hoffnung und sehe darin Ansätze, dem Leben auf den Grund zu gehen, das Werden und Wachsenlassen neu zu entdecken.

Die Zentrifugalkraft des Tempos der Technik würgt immer mehr die Tiefensensibilität der Instinkte ab. Sie entzieht dem Menschen letztlich die Individualität und degradiert ihn in diesem lebensfeindlichen Kreislauf zum Objekt, das in dem vorgegebenen Gefüge bloß zu funktionieren hat. Viele Menschen halten diese mörderischen Strukturen nicht mehr aus und verweigern sich, indem sie alternative Lebensformen wählen: ein Stück Land bewirtschaften, auf einen gewissen Lebensstandard bewußt und radikal verzichten, sich im sozialen oder ökologischen Bereich engagieren oder den mühsamen Weg auf sich nehmen, das Innehalten zu lernen. Denn das Innehalten eröffnet ganz neue Dimensionen, die sich nicht erschöpfen, die vor allem aber die Weite des inneren Lebens schauen lassen.

Im Neuentdecken dieser Tiefe des Lebens lernen wir wieder, zu staunen. Wir empfinden Gefühle der Beglükkung. Diese Erfahrung läßt uns etwas ungemein Wertvolles erkennen: das Maß und das Maßvolle. Wir reiben uns ja an den Maßlosigkeiten, die unsere Lebensweise uns teilweise aufzwingt, in die wir uns aber auch selbst stürzen. Maßhalten, mit den Mitteln des Verzichts, jedoch läßt uns eine souveräne Position beziehen: Ich versage mir etwas, um etwas anderes, Höheres, zum Beispiel die Freiheit, erreichen zu können. Diese neue Dimension gewinnt in dem Maße an Leben und Kraft und bauen mich auf, als ich bereit bin, dem Mitmenschen Platz einzuräumen.

Das Suchen nach einem Ausweg erschöpft sich nicht nur in materiellen Möglichkeiten oder organisierbaren Schritten, sondern auch im Aushalten der scheinbaren Ausweglosigkeit; es ist, wie wenn man im tiefsten Nachtdunkel das Kommen des Morgens nicht sieht. Alles Wesentliche aber erwartet man. Wir müssen von neuem lernen, Dinge nicht nur zu tun, sondern das Geschehen, die Veränderung zu erwarten. Wir sollen zwar Akzente setzen, die Wirkung aber reifen lassen. Begegne ich einem Mitmenschen in einer ausweglos scheinenden Situation, dann breche ich seine Hoffnungslosigkeit auf, wenn ich grundsätzlich immer an die Veränderbarkeit der gegenwärtigen Situation glaube und davon ausgehe.

»Alles Wesentliche erwartet man.«

Ein Beispiel: Eine Frau rief mich verzweifelt an. „Wieder ein erzieherischer Mißerfolg", meinte sie. Die Situation war tatsächlich schwierig und erschien ihr so fatal, daß sie das Handtuch werfen und fortgehen wollte. Sie sah sich nur als Versagerin. Der Erfolg, den sie erzwingen wollte, ist ausgeblieben. Ich riet ihr dringend, in dieser Verfassung keine Entscheidung zu treffen. Was tat sie? Sie weinte sich alles von der Seele, dann ging sie spazieren. Ruhe überkam sie, und Frieden erfüllte sie. Sie erkannte, wie es weitergehen könnte.

Man muß also warten können, bis Veränderung entsteht. Sie entsteht sicher nicht, wenn ich sie nicht in der festen Überzeugung dieser Wahrheit erwarte. Manchmal muß eine solche Veränderung, die das Leben eines Menschen umkehrt, im schmerzlichen Durchhalten auch erlitten werden.

Wenn ich dem Partner in der Gewißheit begegne, daß er seine schwere Situation in den Griff bekommt, weil ich von der Möglichkeit der positiven Veränderung durchdrungen bin, dann bewirkt dies im Gegenüber den Anreiz, es zu wagen. Mein Glaube an ihn schafft die nötige Gemeinsamkeit. Durch diese Erwartungshaltung wecke ich die Kraft in ihm, die kleinen, alltäglichen Schritte zu tun.

Das ist verantworteter Dienst am Leben.

Mitmenschlichkeit an der Grenze

Im Engagement für den Mitmenschen können wir auch auf Grenzen stoßen. Das ist zunächst etwas ganz Normales und ergibt sich aus der existentiellen Begrenztheit unseres irdischen Daseins. Die Erfahrung von Grenzen im mitmenschlichen Engagement hat aber oft mit Negativem zu tun, und deshalb ist es notwendig, sich damit auseinanderzusetzen. Die Grenze zeigt sich, wenn der Erfolg ausbleibt. Das Bemühen scheint umsonst gewesen zu sein, wir sehen uns in der Erwartung enttäuscht, fühlen uns allein gelassen und mißverstanden, werden für verrückt gehalten, abgelehnt oder gar gehaßt.

Es gibt darauf keine Pauschalantwort, vielleicht aber gewisse Grundregeln. Die jeweiligen Situationen müssen individuell gesehen werden, um zu richtigen Entscheidungen zu kommen. Ich wünschte, es möge einer, wenn er in eine solche Krise kommt, nicht allein sein, nicht ohne den richtigen Mitmenschen, der sich seiner annimmt. Grenzprobleme verlangen in besonderer Weise ein Miteinander. Ich habe das deutlich in der Flüchtlingsarbeit der letzten Jahre erfahren, als wir eine Gruppe von Helfern geworden sind. Wenn auch für unsere Arbeit als Prämisse gilt: „Einer trage des andern Last" (Paulus an die Galater), so wissen wir uns einem anderen Zitat aus demselben Brief ebenso verpflichtet: „Jeder hat auch seine Last." Es wäre unmenschlich, bei einem Engagierten nur an ein funktionierendes Geben zu denken und ihn nicht auch als einen Mitmenschen zu sehen, der seine eigene Lebensbürde zu tragen hat. Wir sind vor allem einander Mitmensch und daher füreinander verantwortlich.

Oft stehen wir Helfer vor unseren eigenen Grenzen; wir sind müde, überfordert, erschöpft. Wie gehe ich mit mir um? Kann ich meine Grenzen annehmen? Wie schätze ich mich selbst ein? Wieweit nehme ich mich wichtig – zuwenig oder zu sehr? Schätze ich mich wegen meiner Hilfsbereitschaft etwa höher ein als die anderen? Reflektiere ich mein Verhalten in den zwischenmenschlichen Beziehungen, um zur nötigen Selbstkritik zu gelangen? Hinterfrage ich mich in bezug auf meine Ehrlichkeit und Selbstbescheidung? Bin ich bereit zu lernen, mich zu ändern? Lasse ich mich los und kann ich mich einfügen in das sorgende Wirken Gottes?

Wie halte ich es mit Ruhepausen? Sorge ich für Entspannung? Pflege ich das innere Ruhigwerden? Freue ich mich an dem, was mir geschenkt wird? Nehme ich es wahr? Bemerke ich die kleinen Zuwendungen, die ich in der Familie, von Kollegen, im Geschäft, auf der Straße erhalte? Wie reagiere ich, wenn mir alles zuviel wird und ich vor der Frage stehe, ob ich weitermachen oder aufhören soll?

Auf meinem ersten Posten als Sozialarbeiterin in einem Flüchtlingslager hatte ich ernste Zweifel, ob ich dem Übermaß an Not gewachsen sei. Ich überlegte, ob ich nicht aufgeben sollte. Ein befreundeter Mensch legte mir damals nahe, zu bedenken, wer in diesem Fall den größeren Schaden erleiden würde: ich, wenn ich bliebe, oder die anderen, die Flüchtlinge, wenn ich ginge. Die Antwort war rasch gefunden: Ich blieb. Diese Grundsatzfrage hat sich in Entscheidungssituationen seither oft bewährt.

Im Lauf der Jahre lernte ich dann immer besser verstehen, daß Mitmenschlichkeit auch mit Mühen verbunden ist, daß sie Teil meiner Arbeit sind und daß ich sie annehmen muß. Sie müssen durchgetragen werden. Im Blick auf die eigene Fehlerhaftigkeit muß Geduld geübt werden.

Eine Erkenntnis ist mir besonders wichtig: Im Dienst an den Mitmenschen, im Großen wie im Kleinen, muß ich

Substanz lassen können. Auf diesem Weg gelange ich zu meinem eigentlichen Selbst. Im „Stirb und werde!“ erst wird das Leben fruchtbar.

» Im ‚Stirb und werde!‘ erst wird das Leben fruchtbar. «

Mitmenschlichkeit im Konkreten kann schwierig werden, wenn sie von Kritikern als „verrückt“ angesehen wird. Ich kann jedoch die Sinnhaftigkeit meines Einsatzes nicht von der Akzeptanz Dritter abhängig machen. In diesem Fall bin ich zuallererst meinem Gewissen verpflichtet.

Wie aber prüfe ich die Sinnhaftigkeit meines Einsatzes? Zeigt es sich, daß meine Zuwendung den anderen aufbaut? Gewinnt er an Zuversicht, entsteht Freude in ihm? Fühlt er sich erleichtert, getröstet, gestärkt, um weitermachen zu können? Anhand dieser „Früchte“ kann ich mein Bemühen beurteilen.

Im Tief keine Entscheidungen treffen Die Sinnfrage stellt sich auch dann, wenn ich selber ein Tief habe, wenn mir die Lust an der Arbeit fehlt, wenn ich verdrossen, mißmutig oder mißgelaunt bin. Im Tief trifft man besser keine Entscheidung, vor allem keine Entscheidung, mit der Arbeit aufzuhören. Denn im Mißmut ist mein Blick für die Realität gestört. Es verzerren sich die Konturen der Dinge, man sieht „schwarz“. Die Dinge bzw. die Menschen sind aber nicht „schwarz“. Also muß sich mein Blick ändern. Vielleicht habe ich selbst Trost nötig? „Kommt zu mir, die ihr euch plagt und unter Lasten stöhnt. Ich will euch Ruhe verschaffen …“ Wie immer wir zu Gott stehen mögen, Christus sagt: „Kommt zu mir …“. Möglicherweise fehlt mir aber auch jenes Quentchen Humor, mit dem ich mein Problem ein bißchen relativieren kann.

Damit Ordnung in meinem Gemüt herrscht, ist auch Disziplin notwendig. Sie bewahrt mich davor, aus Unbeherrschtheit andere zu verletzen oder ungerecht zu behandeln.

Die Sinnfrage hat aber noch weitere Prüfstände. Was tue ich zum Beispiel, wenn meinem Bemühen kein Erfolg beschieden ist, wenn die zerstrittenen Partner immer noch streiten, wenn der Alkoholiker doch nicht „trocken" wird? – Die Freiheit meines jeweiligen Partners ist zugleich auch meine eigene Grenze, die ich vorerst zu akzeptieren habe. Ich muß mein Bemühen mehr im Sinne eines Samenkorns verstehen und die Wirkung einem Prozeß der Reifung überlassen. Alles, was leben soll, muß wachsen können und braucht Zeit von ganz unterschiedlicher Dauer.

Heißt das, daß ich mich zurückziehen soll, wenn ich scheinbar keinen Erfolg habe? Sicher nicht. Oft erkennt ein Mensch erst nach Jahren, welch große Bedeutung eine Zuwendung für ihn hatte. Man muß warten können und darf den Glauben an den anderen niemals verlieren; die Hoffnung hält die Brücke auch über Abgründen.

Der Mißerfolg verweist mich darüber hinaus auf eine ganz andere Fragestellung. Eine Frage an mich: Sehe ich die Problemlage des anderen richtig? Projiziere ich eigene Vorstellungen in die Sache hinein? Bin ich auf dem richtigen Weg, ihn zu verstehen? Mit „verstehen" meine ich, den anderen so zu erkennen, wie er wirklich fühlt, was ihn belastet, wo sein Schmerz sitzt, was ihn verletzt hat und woran er leidet. Sich in den anderen einfühlen, das ist das für ihn entscheidendste Tun. Es ist ein mühsames Unterfangen, das viel Behutsamkeit, Achtung und Wertschätzung verlangt, das alle Kräfte des Geistes und des Herzens erfordert. Einfühlung ist ein Geschehen, das sich immer grenzüberschreitend vollzieht. Einfühlung ermöglicht das Miteinander, in dem das Leben pulsiert und es zur Einheit werden läßt. Es ist das gestaltgewordene Ja zum Mitmenschen.

Innehalten

Obwohl in den Menschen im Grunde genommen viel Sehnsucht nach dem anderen Leben, nach Leben überhaupt vorhanden ist, machen Resignation und Depression sich breit. Offenbar sind die Lebenskräfte doch nicht mehr so stark, um dieser Sehnsucht zum Durchbruch zu verhelfen. Dazu bedarf es menschlicher Hände, die aufrichten.

Die verschiedensten Spannungsfelder erfüllen unseren Alltag und verursachen Hektik und Streß. Sie beeinträchtigen die Stimmung des einzelnen und in der Gesellschaft. In diesem Umfeld von Unrast und Hast besteht die Gefahr, daß Herzlichkeit, Güte und Milde nicht in der notwendigen Weise weitergegeben werden.

Daß man sich in der Anspannung zu Gereiztheit verleiten läßt, ist oft geradezu unvermeidlich. Man sollte aber in der Anspannung loslassen, damit die Seele geschmeidig wird und Güte und Herzlichkeit zum Ausdruck kommen können. Ein nervöser Mensch kann im besten Fall Selbstbeherrschung produzieren; er kann lediglich seine Gereiztheit zurückhalten. In diesem Vakuum, wo sich zwischenmenschlich nichts tut, vermag gerade noch ein „Weiterwursteln" zustande zu kommen.

> »In der Anspannung loslassen, damit die Seele geschmeidig wird.«

Zweifellos sind bestimmte Entspannungsübungen und -praktiken hilfreich, und man darf sie in ihrer Wirkung nicht unterschätzen. Wenn Entspannung jedoch wirklich gelingen soll, muß eine belebende geistig-seelische Kraft hochkommen können und den Mitmenschen auch erreichen. Der wesentliche Effekt in der Entspannung ist das Loslassen.

Ich möchte hier etwas ansprechen, was uns heute so sehr abgeht, nämlich das Innehalten. Wir kommen bei all der Hektik nur allzu oft ins Schleudern oder sind so erschöpft, daß unser Gemüt stumpf geworden ist. Wenn wir uns bemühen, dieses Hasten abzustreifen, aus der Abwehrbereitschaft herauszutreten und auf den Mitmenschen zuzugehen, ihn zu bejahen, ihn anzuhören und Zeit zu haben für ein Gespräch, wenn wir Schritt für Schritt Menschlichkeit wie eine Pflanze wachsen lassen, dann dürfen wir dabei nicht übersehen, daß Nähe für den Menschen auch des Ausgleichs bedarf, und zwar in der Form des Zurücktretens, um allein zu sein. Nicht weil wir „genug haben", sondern weil es die Entfaltung des menschlichen Lebens so verlangt.

> »Schritt für Schritt Menschlichkeit wie eine Pflanze wachsen lassen.«

Ich habe in meiner Kinderzeit eine Erfahrung geschenkt bekommen, für die ich sehr dankbar bin. – In unserem Hof stand eine Kiste, die groß genug war, daß ich mich darin verstecken konnte, wenn ich allein sein wollte. Da saß ich dann, zurückgelehnt, und schaute den Lerchen zu, wie sie aufstiegen, hörte ihr Singen, das mich gefangenhielt. Ich vernahm es nicht nur mit den Ohren, sondern bis hinein ins Innere.

Erst später ist mir bewußt geworden, was hier vor sich gegangen ist: Im Erleben des Vogelgezwitschers, der Wolkenbewegung, dem Summen der Mücken ist mir das Innehalten gelungen, das Erhorchen und Erschauen wunderbaren Lebens.

Das Innehalten ist mir seither zum Lebensausdruck geworden, darin äußeres Tun zum Schweigen und zur Ruhe kommt. Die Kräfte meines Herzens haben sich im Schauen und Horchen auf etwas hin gesammelt, das schön und gut war. Das hat mich erfüllt und befriedigt. Ich hätte mein späteres Berufsleben mit all seinen Mühen und Bedrängnissen nicht durchgestanden, wenn ich nicht immer wieder zu diesem Innehalten zurückgekehrt wäre. Auf diese Weise konnte ich alles meditieren, auch meine Klienten, ihr Wesen und ihr Verhalten, die Begegnungen und Gespräche …

» Das Innehalten ist mir zum Lebensinhalt geworden. «

So erinnere ich mich an einen Klienten, der mich geärgert und in Rage versetzt hat. Es kam zu einem heftigen Wortwechsel, der nichts anderes gebracht hat als Verdruß und Energieverschwendung; der Klient war auch nicht gerade begeistert von dieser Art der Begegnung. Abends ließ ich dann die Sache Revue passieren. All die Aufgeregtheit und heftigen Worte rechtfertigte ich vor mir damit, daß sie der andere provoziert hätte. Ich ließ das für mich wenig schmeichelhafte Geschehen so lange im Blickfeld stehen, bis die Schwingungen von Ärger, Selbstverteidigung und Schuldgefühl sich immer mehr verlangsamten und schließlich zur Ruhe kamen.

Erst dann konnte ich erkennen, worin mein Fehler lag und daß Toleranz, Selbstironie und Humor Besseres bewirkt hätten.

In diesem Innewerden lernte ich, die eigenen Gemütsbewegungen nicht so wichtig zu nehmen. Ich empfand dabei auch Güte mir selbst gegenüber, Güte, die hilft, sich in Bescheidenheit zu üben.

Um all das bemühe ich mich, unbeschadet der Zahl meiner Lebensjahre, auch heute noch. Schließlich kommt man immer mehr – und besser – ins Lernen …

Im Innehalten und Verweilen lerne ich, mit belastenden Dingen besser umzugehen. Vor allem aber mit den Menschen, weil man nach und nach ein Gespür dafür entwickelt, was den anderen aufbaut. So lernte ich, den Mitmenschen von Herzen zu lieben – und ich lernte auch eine gewisse Ökonomie im Umgang mit den vielfältigen mitmenschlichen Beziehungen.

» Im Innehalten und Verweilen lerne ich, mit belastenden Dingen besser umzugehen. «

Die Kraft des Guten
ist unbezwingbar

“Sei gewiß, daß nichts dein
Eigentum ist,
was du nicht inwendig hast.”

MATTHIAS CLAUDIUS

In der Zeit meiner Arbeit mit Flüchtlingen und Inländern kurz vor dem Attentat spürte ich, daß die Ablehnung in der Bevölkerung zunahm. Ich fühlte mich mit dem Rücken an die Wand gedrängt – bis mich die Bombe traf. Den Knall der Explosion werde ich wohl nie vergessen können. In diesem Moment empfand ich die Hölle, erst dann verspürte ich den Schmerz, den heftigsten Schmerz meines Lebens.

Beim Warten auf die Operation fühlte ich mich dem Tod nahe. Trotzdem war in mir die Sicherheit, daß die Arbeit, der Einsatz für Schwache und Bedrängte, weitergehen wird. Dann werden eben andere am Zug sein, dachte ich bei mir. Paul de Lagarde schreibt: „Es gibt Augenblicke in jedes Menschen Leben, in welchem er eines Planes gewahr wird, der durch sein Leben hindurchgeht, eines Planes, den er nicht entworfen hat …"

In dieser Grenzerfahrung meiner Existenz stieg eine Ahnung von Unendlichkeit auf, eine unbeschreibliche Nähe Gottes: „Ich bin bei ihm in seiner Bedrängnis … (Psalm 91). Das war mein letzter Gedanke.

Als ich aus der Narkose erwachte, waren Kriminalbeamte und Journalisten im Zimmer. Ich weiß nicht mehr, wie die Frage wörtlich gelautet hat, sie bezog sich auf mein Gefühl gegenüber dem Täter. Er tat mir leid. Ich war ihm nicht böse. Zwischen ihm und mir war Verzeihung. Er war ein Gefangener seines Hasses. Er soll freikommen.

In den Tagen meines Krankenhausaufenthaltes festigte sich die Überzeugung: Der Kreislauf des Bösen kann nur unterbrochen werden durch Vergebung. Es erfüllte mich eine geschenkte, unsichtbare Kraft. Die Spirale des Hasses durchschlägt nur die Kraft der Vergebung. In ihr erweist sich die Kraft Gottes als unzerstörbare Wirklichkeit. Diese Kraft hat mich getragen und geführt.

Ich habe viel nachgedacht in diesen Schicksalstagen. Ich begreife jetzt besser, daß Vergebung sich nicht beschränken darf auf die erste Entscheidung. Sie muß im Alltag ständig gelebt werden, wie wir im Vaterunser ja auch beten.

In diesem Zusammenhang wurde mir ein Wort aus der Bergpredigt von neuem bewußt, wo Jesus verfolgte Menschen selig preist. Gewaltig muß die Wirkung sein, die die haßfreie Überwindung des Bösen hervorbringt! Früher habe ich um diese Worte der Bergpredigt eher einen Bogen herum gemacht. Abgelehnt werden, nicht mit gleicher Münze zurückzahlen, das bereitete mir Schwierigkeiten.

» Die Spirale des Hasses durchschlägt nur die Kraft der Vergebung. «

Vergeben hat etwas mit Heilen zu tun, zum Beispiel einen Mangel verschwinden lassen. Die Erfahrung zeigt, wie Situationen verändert werden können, wenn etwa dort, wo Unfreundlichkeit herrscht, schlicht Freundlichkeit zu geben ich mich bemühe. Nichts verändert zwischenmenschliche Beziehungen so gewiß wie solch ein ausgleichendes Reagieren.

Um noch einmal von der Bombe zu sprechen: Ihre Sprengkraft ist gewaltig – und kann doch in der weiteren Auswirkung als unglaublich positiv sich erweisen. Sie reißt nicht nur Arme und Finger weg und tötet Menschen. Sie wirkt auch wie ein Donnerschlag auf Gedanken und Gefühle vieler Menschen. Das bezeugen die zahlreichen Briefe, die ich erhielt und die das wiedergeben, was in vielen Menschen vorging an Erschütterung, an Umdenken in der Einstellung zu Rache und Vergeltung.

Dankbar habe ich alle Worte der Ermutigung und des Mitgefühls angenommen, die nicht nur mich, sondern auch meine Mitarbeiter aufgebaut haben. Es kam zu spontanen Solidarisierungen, „Jetzt erst recht"-Aktionen, zu verstärkter Bereitschaft, sich für Schwache und Ausgegrenzte einzusetzen, welcher Nation sie auch immer angehören. Wieviele Ausgegrenzte oder Alleingelassene unserer Sprache leben doch neben uns!

Das Zusammenrücken vieler Gutgewillter, die sich menschenverachtender Feindseligkeit und terroristischer Gewalt nicht beugen, ist tief beeindruckend. Diese Menschen bekennen, daß bestehende Probleme nicht mit Gewalt und schon gar nicht mit Bomben gelöst werden können. Denn Haß gebiert wieder nur Haß. Uns allen muß es im Herzen und in den Händen brennen, den scheinbar übermächtigen Kreislauf des Hasses zu durchbrechen durch den entschlossenen Einsatz für Schwache und Bedrohte.

Wer den Mut hat, sich dem tödlichen Kreislauf der Verneinung und des Hasses zu entziehen, macht die Erfahrung, daß die Kraft des Guten stärker ist. Diese Kraft wird unabdingbar sieghaft, wo sie dem Hassenden vergibt. „Alle Dunkelheit der Welt ist nicht imstande, das Licht einer einzigen Kerze auszulöschen." Indifferenz ist nicht besser als das Böse, sie kommt dem Bösen gleich. Indifferenz unterläßt das Gute und gibt den Raum für das Böse frei. Der Indifferente wird von der Macht des Bösen eingeholt.

Bedingt durch die Erfahrung von Ablehnung und Widerstand beschäftigt mich immer mehr die Frage, was denn der Fremdenfeindlichkeit zugrunde liegt. Es handelt sich dabei um ein vielschichtiges Problem.

Hier möchte ich bloß auf eine der Hauptwurzeln hinweisen, die uns alle herausfordert. Es ist dies die Habgier des Egoismus und die Angst, etwas von dem Errungenen hergeben zu sollen. Dieses Übel tritt nicht nur im Zusammenhang mit Flüchtlingen und Ausländern auf. Es zersetzt das gesamte gesellschaftliche Gefüge, in dem wir leben. Denn der Habgierige kennt die Bejahung des Mitmenschen nicht, er würgt den Geist des Miteinander ab. Eine solche Einstellung schafft Mauern und Isolierung und baut dem Untergang vor.

Viele Menschen resignieren angesichts solcher Gewalt. Sie ergeben sich der scheinbaren Übermacht des Negativen und lassen sich von dieser Strömung vereinnahmen. Man findet sich ab mit der wachsenden Konsumgier, mit dem „Egoismus zu zweit", mit der Diktatur der Hektik, dem kritiklosen Nachplappern von Meinungen, auch wenn diese noch so aberwitzig sind.

Diese Menschen können nicht mehr an das Leben glauben, sie räumen der Umkehr keine Chancen ein, halten Veränderungsbemühungen für aussichtslos und lassen sich

einfach treiben. Gegen den Strom zu schwimmen, erscheint ihnen absurd, vielmehr greifen sie zur Waffe des Spottes und der Diffamierung, um sich selber Stärke vorzutäuschen.

Im Grunde genommen hungern diese Menschen nach Befreiung aus ihrer Lebenslüge. Die Leere der Hoffnungslosigkeit füllen nicht Argumente aus, sondern Menschen, die aus der Kraft der Hoffnung leben und deren Herz offen ist. Lediglich solche Menschen – ich nenne sie Zeugen – können sich gegen die negativen Strömungen durchsetzen. Solche Lebenszeugen sind wie Anker, die ausgeworfen werden, damit andere sich daran festhalten können und hochgezogen werden. Das sind Menschen, deren Leben deutlich macht, daß eigentlich das Gute die Realität ist. Sie bringen für mich die Gegenwart Gottes zum Ausdruck, der das Gute schlechthin ist. Nüchtern betrachtet ist das Negative – im einzelnen wie in der Gesellschaft – eine Leere, die Abwesenheit des Guten, ein Lebensvakuum. Die Überlegenheit des Guten liegt darin, daß es diese Leere auszufüllen vermag. Das Gute will in allen Ausdrucksformen das Wohlwollen gegenüber dem Menschen verwirklichen.

Ich weiß, daß das Leben nicht in einer Schwarzweißzeichnung zu erfassen ist. Aber fast alle Menschen machen Erfahrungen mit negativen Kräften, die auch im eigenen Innern wirksam werden können. Daher dränge ich zum ständigen Bemühen um das Gute. Jeder, der sich in ehrlicher Weise des Mitmenschen annimmt, hat Gott als Quelle und Urgrund des Guten auf seiner Seite.

Schon oft haben mir Menschen erzählt, um wieviel besser es ihnen nach der Begegnung mit einem Mitmenschen ging, der sich ihnen zugewendet hat. Das Leben nahm eine Wende zum Positiven, weil sie ermutigt wurden. Sie haben dadurch in ihnen selbst die besseren Kräfte entdeckt. Sie verspürten eine innere Kraft, die ihnen half, umzukehren auf dem bereits eingeschlagenen falschen Weg bzw. ihr Verhalten zu ändern; eine Kraft, die sie aus der Ziel- und Sinnlosigkeit ihres Daseins herausgeführt hat. Wer im Quellbereich des Guten wurzelt, wer aus dem Geist der Bejahung, aus der Kraft der

» Wer im Quellbereich des Guten wurzelt, gibt anderen Halt. «

Liebe lebt, wer das Geistig-Seelische über das Materielle stellt, wer das Sein gegenüber dem Haben bevorzugt, der ist imstande, anderen ein Haltegriff zu sein.

„Wenn man die verwirrende Vielfalt des Lebens auf einen geistigen Nenner bringen will, so gibt es nur eine einzige gültige Antwort: Der alleinige tiefere Sinn unseres Lebens ist die Liebe.“ (Richard Wagner.)

Reaktionen auf das Attentat

“Pflege das Leben,
wo du es antriffst.”

HILDEGARD VON BINGEN

Der Fackelzug

Ein Höhepunkt der Solidarisierung mit dem Bombenopfer Maria Loley war ein Fackelzug, der am 3. November 1995 abends in Poysdorf stattfand. Trotz Regen und Kälte nahmen rund 1000 Personen daran teil.

„Für Toleranz und Dialog"

Poysdorf – „Dieser Abend soll ein Zeichen gegen Gewalt und Unmenschlichkeit und ein Bekenntnis für Mitmenschlichkeit und Dialog sein", sagte Roland Hutyra, Geschäfts-

führer der „Bewegung Mitmensch" im Kolpinghaus Poysdorf. Er erinnerte daran, daß die Organisation heute, Freitag, 3. November, ihre öffentliche Gründungsversammlung habe abhalten wollen. Nach dem Briefbombenattentat finde die Veranstaltung nun in einem anderen Licht statt. Es solle gezeigt werden, „daß Gewalt nichts gegen unseren Einsatz für Mitmenschen ausrichten kann".

Der Fackelzug unter dem Motto „Für Toleranz und Dialog" begann gegen 18.30 Uhr auf dem Dreifaltigkeitsplatz vor dem Postamt. Zuvor waren Texte verlesen worden, die zum Nachdenken anregen sollten. Während sich der Zug vom Postamt zum Kolpinghaus bewegte, läuteten die Glocken der Stadtpfarrkirche. Auch Maria Loley nahm an dem Fackelzug teil. Sie reihte sich im Verlauf des Marsches an der Spitze ein. „Maronen statt Patronen" lautete der Slogan eines Maronibraters, der seine Ware vor dem Kolpinghaus anbot. 30 Prozent des Erlöses kommen der „Bewegung Mitmensch" zugute, versprach er auf seiner Preistafel.

Es gebe in Österreich hunderte, ja tausende Mitbürger, die Engagement für Flüchtlinge zeigen würden, sagte Innenminister Caspar Einem. Stellvertretend für alle richtete er seinen Dank für diese Tätigkeit an Maria Loley. Ängste mancher Menschen vor Fremden seien aus seiner Sicht zwar unbegründet, müßten jedenfalls aber ernst genommen werden, so Einem. Die „Bewegung Mitmensch" habe auch das erkannt und suche das Gespräch mit jenen, die diesbezüglich Sorgen hätten. Gegen Angst helfe vor allem, miteinander ins Gespräch zu kommen.

Landtagsabgeordneter Ernst Strasser, Landesparteisekretär der niederösterreichischen ÖVP, kündigte in Vertretung von Landeshauptmann Erwin Pröll an, daß das Land Niederösterreich Loley und ihre Initiative weiterhin unterstützen werde. Er rief außerdem dazu auf, wachsam gegenüber allen zu sein, die mit den Tätern sympathisieren.

Die neuen Anschläge würden zum Nachdenken veranlassen, sagte UNHCR-Kommissar Steffen Bodemar. „Die feigen und anonymen Angriffe können aber nur unsere Entschlossenheit stärken."

„Mit Terror können keine Probleme gelöst werden", stellte der Wiener Superintendent Werner Horn, Vorsitzender des Ökumenischen Rates der Kirchen in Österreich, fest. Es sei auch Aufgabe der Kirchen, gegen Angst, Ausgrenzung und Verletzung der Menschenrechte aufzutreten. „Ich bin als Mitmensch da", betonte Generalvikar Helmut Schüller. Er mahnte, daß Bomben zu einer Atmosphäre führen würden, „in der jeder Angst vor jedem hat und in der man sich ohne komisches Gefühl nicht einmal mehr einen Brief zu öffnen getraut".

Das Schlußwort im Poysdorfer Kolpinghaus hatte Maria Loley. „Zwischen der Bombe und heute liegt vieles, eine Grenze und ein Neuanfang", so die Initiatorin der „Bewegung Mitmensch". Zwischen der Bombe und heute sei aber auch ein stummer Aufschrei vieler und die bange Frage, was weiter sein werde. In ihr bestehe der brennende Wunsch nach mehr Menschlichkeit. Dazu müßten Ausgrenzungen ebenso wie Vorurteile abgebaut werden.

Aus: AUSTRIA PRESSE AGENTUR (APA), 3. November 1995

Briefe

Als sich Maria zur Genesung noch im Krankenhaus Mistelbach befand, erhielt sie zahlreiche Telegramme, unzählige Blumensträuße und Briefe. Die Telegramme stammen von Innenminister Caspar Einem, Gesundheitsministerin Christa Krammer, Landeshauptmann Erwin Pröll, Erzbischof Christoph Schönborn, Generalvikar Helmut Schüller, Caritas-Chef Michael Landau, Helga Dallinger, der Witwe des ehemaligen Sozialministers, Johannes Dantine, dem evangelischen Oberkirchenrat, von der Bruno-Kreisky-Stiftung, Ex-Bürgermeister Helmut Zilk, Nikolaus Kunrath, dem Generalsekretär von „SOS Mitmensch“, Egon Englisch, dem Vorsitzenden der SPÖ Poysdorf, den Bediensteten des Postamtes Poysdorf und von vielen anderen mehr.

Ein Telegramm folgenden Inhalts kam von der Ö-3-Moderatorin Nora Frey und dem „Freizeichen“-Team:

Liebe Maria,

wir sind sehr betroffen. Es ist erschütternd zu sehen, was gewalttätige Kreise in diesem Land anrichten. Wir haben Deinen Mut und Dein Engagement für Flüchtlinge immer bewundert. Es ist ohnmächtige Wut, die uns bei diesem Gedanken erfaßt, daß Menschen, die sich für in Not Geratene einsetzen, solcher Gewalt ausgesetzt sind. Wir hoffen, daß Du Dich bald von diesem gemeinen Anschlag erholst. Wir brauchen Menschen wie Dich.

Es waren nicht nur diese Reaktionen, die Maria berührten. Als Folge der medialen Berichterstattung erhielt sie rund 450 persönliche Briefe. Zehn davon waren negativ, alle übrigen aber brachten Solidarität mit ihr zum Ausdruck und sprachen ihr Mut zu. Hier eine Auswahl:

„Man muß lange leben, um ein Mensch zu werden."

Liebe Maria,

ich bin tief betroffen über alles, was geschehen ist. Aber noch tiefer berührt von Deinen Worten. Wie sehr hat mich das berührt und gerührt, daß Du in der einfachsten Weise verzeihst und dieses Wort nicht einmal gebrauchst. Und das Gute in allen Menschen suchst.
Man muß lange leben, um ein Mensch zu werden. Das Wort stammt von Antoine de Saint-Exupéry. Es hängt bei meinem Tisch, und immer wieder denke ich: ich brauche noch ewig lange. Soviel Zeit bleibt mir gar nicht. Aber bei Dir muß ich daran denken.
Ich denke voll Wehmut an die Zeit, in der wir so freundschaftlich miteinander umgingen, in der Arbeit und ein wenig auch privat. Und dann blieb uns beiden immer weniger Zeit fürs Private.
Kannst Du Dich erinnern, wie wir einander bei einer hochgestochenen Tagung im Landhaus Mut zusprachen, das Wort zu ergreifen vor so vielen Hochgestellten und Hochdekorierten und Hoch … und Hoch …? Es ging um das Thema Sozialisation. Du wolltest Dich nicht trauen

und warst doch die einzige, die praktische Erfahrung damit hatte. Alle anderen redeten groß daher.
Ich dachte auch blitzartig an Euer Haus und den großen, stillen Garten, als Du sagtest: „Ich habe Glück gehabt, daß ich den Brief im Amt geöffnet habe.“ Und der Fachmann sagte kühl: „keine tödliche Wirkung“, ohne die Umstände zu bedenken, unter denen das hätte passieren können. Wer hätte Dir in Deinem Garten zu Hilfe kommen können?
Maria, ich denke in altem und nie erloschenem Gefühl der Freundschaft und Verbundenheit an Dich. Sag mir, wenn ich irgendwas für Dich tun kann ... Was soll ich Dir sagen, seit Tagen schreibe ich Dir in Gedanken Briefe.
Ich bin keine große Schwätzerin, eher recht verschlossen geworden und eher scheu in allem Tumult meines Lebens. Aber Dir mußte ich doch sagen, wie tief berührt ich bin und daß Du viele, viele gute Gedanken in den letzten Tagen von mir erhalten hast! Und weiterhin erhalten wirst. Denn ich glaube an die Kraft der Gedanken.
Sie mögen Dich stützen.

J. R., Wien

„Ich konnte Ihnen kaum folgen."

Sehr geehrte Frau Loley,

ich kannte Sie und Ihre Arbeit nicht. Erst durch dieses schreckliche Ereignis habe ich Sie über die Medien kennengelernt.
Zuerst konnte ich Ihnen kaum folgen und schon gar nicht Ihre Meinung teilen. Ehrlich gesagt, ganz im Gegenteil. Der Schrecken und vor allem die Ohnmacht, mit einem Wort gesagt: neue Angst, ließen es nicht zu, für solche Menschen (die Täter; Anm. des Hg.) Mitleid zu empfinden.
Doch je mehr ich darüber nachdenke, desto größer wurde meine Bewunderung für Sie. Ihr unerschütterlicher Glaube an die Liebe hat mich wieder ein Stückchen weitergebracht. Ich danke Ihnen und wünsche mir, daß Ihre Botschaft viele, viele Menschen tatsächlich erreicht – nämlich im Herzen. Ich selbst versuche, Ihren Standpunkt, Ihren Blickwinkel Menschen, die so denken, wie ich dachte, verständlich zu machen.
Liebe Frau Loley, Sie sind eine furchtlose Frau mit einem guten, großen Herzen.

M. W., Wiener Neustadt

„Ich sehe Sie Liebe ausstrahlen."

Liebe Frau Loley,

ich schreibe Ihnen heute, um einfach zu sagen, daß wir alle hier, und mit uns sehr viele Menschen, Sie schätzen, Ihre Arbeit hoch anerkennen und Sie als Mensch bestimmt lieben. Ich habe mich sehr gefreut, Sie in Wien bei der Kreisky-Preis-Verleihung kennenzulernen und gemeinsam mit Ihnen und anderen den Preis entgegenzunehmen. Ich sehe Sie Liebe und die besondere Art der Menschlichkeit ausstrahlen. Dieser Eindruck begleitet mich. Deshalb traf uns alle der Anschlag gegen Sie. Ich habe in allen meinen Vorlesungen über das Thema gesprochen und mit den Studenten diskutiert. Sie alle, mein Mann und meine Kinder überbringen Ihnen ihre guten Wünsche und Grüße. Bleiben Sie tapfer und fühlen Sie sich gestärkt durch die gemeinsamen Gedanken, die uns verbinden, und durch den Glauben, daß dieser Weg ein gesegneter Weg ist. Seien Sie von mir herzlich umarmt.

Smaya Farhat-Naser
Birzeit-Palästina
via Israel

„God bless you!"

Dear Madam,

It's a great pleasure to write a few words wishing you all good health and happiness. Though you are very far from my country, I heard about you frequently from my brother Ajith long time before. You have been so kindly looking after Ajith who is totally away from his country and no one looks after him. It is really not enough to pay gratitude with a few words for the great help you gave to Ajith my brother.

Ajith was having a lot of difficulties. Now he says you were his 'mother' in his brevious birth. He is very attached to you. We think that if you not have been, actually I don't know what would have happened for him. Thank you so much for your motherly advices.

My brother said that you had to undergo a small operation. The bless of the almighty God may look after you and cure you soon. May God bless you, Madam.

Yours ever loving,
Frandi, Ajiths younger sister
Sri Lanka

„Geben Sie nicht auf!"

Liebe Frau Loley!

Wir haben in der Religionsstunde einen Zeitungsausschnitt über Sie und Ihre Aktion gelesen und sind zu dem Schluß gekommen, daß wir Ihnen einen Brief schreiben.
„Wir", das ist die 2c-Klasse der Musikhauptschule Sankt Johann im Pongau.
Frau Loley, wir sind beeindruckt, was Sie für Leistungen bringen. Wir möchten Ihnen mit diesem Brief viel Mut zusprechen. Geben Sie nicht auf. Auch wenn viele Menschen gegen Sie reden. Wir finden das mit der Briefbombe abscheulich. Wie Sie demjenigen kurze Zeit nach der Operation verziehen haben, ist für uns eigentlich ein Wunder. Wenn es jemand anderem passiert wäre, würde er sicher durchdrehen. Die 2c-Klasse betet für Sie und Ihre Zukunft.
Wir haben durch Aufführungen etwas Geld gesammelt und möchten Ihnen einen kleinen Betrag davon schicken.

Mit herzlichen Grüßen
Die 2c-Klasse

„Ich habe einen mächtigen Impuls erhalten."

Sehr verehrte, liebe Frau Loley!

Es drängt mich einfach, Ihnen sehr herzlich für die Arbeit, die Sie seit Jahren tun, zu danken und ganz besonders für Ihre wunderbare Haltung. Sie sind für mich ein Vorbild, wie es für einen Menschen möglich ist, die Lehre Jesu im Alltag zu leben. Ich habe einen mächtigen Impuls bekommen für mein Leben und meinen Glauben. Danke dafür.

F. M., Salzburg

„Der Herrgott beschütze Sie weiterhin!"

Liebe Frau Loley!

Ich bin zutiefst erschüttert. Daß ausgerechnet Sie zum Opfer ausgewählt wurden, ist besonders tragisch. Ich bin in diesen für Sie so schweren Stunden in Gedanken bei Ihnen.
Der Herrgott beschütze Sie weiterhin!

Ihr
Hermann Withalm
Vizekanzler a. D.

„Eine Kerze kann einen riesigen Raum erhellen."

•

Werte, liebe Frau Loley,

es ist mir ein Bedürfnis, Ihnen zu sagen, wie froh ich bin, daß es Menschen wie Sie gibt. Nicht nur die Tatsache, daß Sie aktiv den Ärmsten unserer Erde helfen, sondern vor allem Ihre Einstellung ist so wunderbar. Nur diejenigen, die wie Sie das Prinzip leben, daß nur Liebe den Haß beenden kann, helfen wirklich unserer Welt, die an einem Wendepunkt steht und die aus den Fugen zu geraten scheint. Gäbe es nur mehr von Ihresgleichen!
Danke für Ihr Beispiel. Sie gehören zu den Größten unserer Erde, auch wenn Sie nur ganz bescheiden im Kleinen wirken.
Eine Kerze kann einen riesigen Raum erhellen …

F. H., Wien

„Sie zahlen einen hohen Preis!"

Sehr geehrte Frau Loley!

… Mir fehlen die Worte, um mein Entsetzen und meine Wut über diese heimtückische Tat auszudrücken. Sie zahlen einen hohen Preis für Ihr Engagement in der Flüchtlingsarbeit. … Die Politiker geißeln und verurteilen zwar mit scharfen Worten die Gesinnung und Verbrechen der alten und neuen Nationalsozialisten und halten für sie den Boden doch fruchtbar. Es ist schlimm, daß Menschen wie Sie die Konsequenzen tragen müssen.

M. W., Köln

M. W. arbeitet mit in der „medica", einer Organisation, die die medizinische und psychosoziale Betreuung kriegstraumatisierter Frauen und Mädchen sowie die Aufklärung über Kriegsverbrechen an Frauen fördert. (Anm. des Hg.)

„Solange der Mensch nur an sich selbst denkt, lebt er nicht."

Liebe Frau Loley!

Ich schreibe Ihnen, um Ihnen zu sagen, wie sehr ich Sie schätze und achte. Sie sind ein wahrer Engel und eine Heilige. Das, was man heute unter einem Heiligen versteht, das ist für mich nur ein Bild, wie ein durchschnittlicher normaler Mensch sein sollte ... Es ist wahr: Solange der einzelne Mensch nur an sich selber denkt und nur für sich selber sorgt, lebt er eigentlich nicht. Zu dieser Erkenntnis sind die meisten Menschen leider noch nicht gekommen. Solange man nicht die Nächstenliebe verspürt, weiß man nicht, was Leben bedeutet.
Ich bedaure außerordentlich, was Ihnen widerfahren ist. Es ist aber leider so, daß gute Menschen immer ein Dorn im Auge des Bösen sein werden. ... Sie sind ein unvergleichlich größerer Christ als manche sogenannte Geistliche oder Bischöfe. ... Für mich ist Gott keine Frage der Spekulation. Er ist die Liebe.

R. V., Wien

„Diesen Weg sollte die Menschheit gehen."

Sehr geehrte, liebe Frau Loley!

Die Nachricht des fürchterlichen Attentats hat uns hier in Ägypten schockiert! Mit tiefem Bedauern und Betroffenheit fragten wir uns dauernd: Was soll dieses überhaupt bewirken? Ihnen gehört alle Ehre und nicht dieser Missetat.
...
Liebe Frau Loley, Sie sind am besten Weg, den die Menschheit gehen sollte! Der Weg der Selbstlosigkeit im Dienste aller Menschen, ob sie nun In- oder Ausländer sind.

I. T., Kairo
Ägypten

„Die Flöte wird ohne Ende gespielt."

Die Flöte des Unendlichen wird ohne Ende
gespielt, und ihr Ton ist die Liebe:
Wenn Liebe aller Grenzen entsagt,
erreicht sie die Wahrheit.
Wie weithin der Duft sich breitet!
Er hat kein Ende, nichts steht im Weg.
Die Gestalt dieser Melodie ist leuchtend
wie eine Million Sonnen. (KABIR)

Liebe Frau Loley,

dieses Gedicht von Kabir möge Sie in diesen Tagen ein wenig trösten. Tief berührt bin ich über die Briefbombenexplosion. Sie sollen wissen, daß ich mit Ihnen mitfühle, auch wenn ich Sie persönlich nicht kenne.

D. C. S., Hamburg

Lebenslauf einer
Unzeitgemäßen

"Es gibt Augenblicke in jedes Menschen Leben, in welchen er eines Planes gewahr wird, der durch sein Leben hindurchgeht, eines Planes, den er nicht entworfen hat."

PAUL DE LAGARDE

22. November 1924 Maria Loley wird als ältestes von fünf Kindern in Poysdorf im niederösterreichischen Weinviertel geboren. Vater Andreas ist Kleinstlandwirt und arbeitet auch im Büro des örtlichen Lagerhauses, Mutter Maria ist zu Hause. Während der Naziherrschaft muß der Vater das Brot für die Familie als Hilfsarbeiter auswärts verdienen, weil ihn die Nationalsozialisten im Kreis Mistelbach mit Berufsverbot belegt hatten. Er ist ständig in Gefahr, aus politischen Gründen verhaftet zu werden. Die Nazis verbieten Maria und ihren Brüdern das Studium. Maria nimmt Gelegenheitsarbeiten bei Bauern, in Büros und in Haushalten an.

April/Mai 1945 Zu Kriegsende erlebt Maria die Auswirkungen der Flüchtlingstragödie im benachbarten Südmähren. Hunderte Flüchtlinge und Überlebende des „Brünner Todesmarsches" (Vertreibung der Deutschen aus Brünn) kommen in Poysdorf an. Der Kaplan, eine Apothekerin, zwei Krankenschwestern und Maria kümmern sich um die medizinische Versorgung der Flüchtlinge, die – so Maria – in einem „entsetzlichen Zustand" sind. Es bricht die Ruhr aus. „Die Menschen lagen sterbend an den Straßenecken oder im Schatten der Stiegenaufgänge. Unter solch herz-

zerreißenden Umständen haben wir mit primitivsten Mitteln wie Tierkohle Hilfe zu geben versucht. Vielfach war es aber eine Begleitung im Sterben, ein Ausharren bei den Menschen in den bittersten Stunden."
Kurz darauf bricht auch noch Typhus aus, dem nicht nur Flüchtlinge, sondern auch Einheimische zum Opfer fallen. Maria selbst wird sowohl von der Ruhr als auch vom Typhus befallen. Der Einsatz für die Flüchtlinge dauert bis Herbst 1945. Mit dem ersten Auto, das sich von Poysdorf nach Wien gewagt hat, fährt Maria in die zerstörte Hauptstadt. Sie sucht nach Möglichkeiten für ein Medizinstudium. Da ihr aber die Matura fehlt, die Zeit der Ausbildung daher eine sehr lange sein würde, entschließt sie sich, eine Ausbildung als Fürsorgerin zu beginnen.

September 1945 — Maria startet unter katastrophalen Bedingungen die Ausbildung. Die Fenster in dem Gebäude, in welchem der Unterricht stattfindet, sind mit Pappe gestopft. „Die Temperaturen waren innen und außen gleich, es gab nichts zu essen, ich litt furchtbaren Hunger." Am Tag des Unterrichtsbeginns bricht nach langer Inkubationszeit bei Maria der Typhus aus. „Ich wußte nicht, ob es das Warten auf das

Ende oder auf das Überleben war." Maria ist rund fünf Wochen bettlägrig und wird dann in einem extrem geschwächten Zustand nach Poysdorf zurückgebracht. Dort stellt der Arzt Lungentuberkulose fest. „Es war weder eine medikamentöse Behandlung noch ausreichende Ernährung möglich."

November 1945 — Rückkehr an die Schule. „Der Hunger war gerade nach dem Befall mit Typhus extrem. Nur mit dem zähen und unbedingten Durchhaltewillen, der die Menschen damals erfüllte, konnte man solche Krankheiten überleben."

August 1949 — Eintritt in den Karmel-Orden, „aus der Überzeugung heraus, daß der beste Dienst am Menschen im Gebet liegt". Neun Monate später wird Maria wegen der schweren gesundheitlichen Beeinträchtigungen als Folge ihrer Krankheiten aus dem Orden entlassen. Maria arbeitet zunächst als Hausgehilfin, weil viele öffentliche Posten mangels Geld nicht besetzt werden können.

1951 bis 1953 — Nach Monaten des Suchens erhält Maria die Möglichkeit, in einem Flüchtlingslager in der südlichen Steiermark zu arbeiten (Flüchtlinge volksdeutscher Herkunft aus dem damaligen Jugoslawien).

1954	Der erneute Versuch, in ein Kloster einzutreten (St. Gabriel in der Oststeiermark), scheitert wiederum an der gesundheitlichen Eignung: Damals schon traten die schweren Gelenkserkrankungen auf.
Jänner 1956 bis 1959	Maria arbeitet als Fürsorgerin in St. Johann im Pongau. Sie hat vor allem mit Familien, Kindern und Jugendlichen zu tun.
1959	Wechsel in den niederösterreichischen Landesdienst. Der Anlaß: Vaters Erkrankung, die Mutter ist ebenfalls betreuungsbedürftig. Dazu kommt das Angebot, im benachbarten Mistelbach als Fürsorgerin im Jugendamt zu arbeiten. In dieser Funktion ist sie bis 1975 tätig.
1976 bis 1979	Aufbau des psychosozialen Dienstes im Weinviertel, daneben mehrfach Projektarbeit; Gründung der Familienberatung. 1976 Gründung der Sozialstation Poysdorf als Modell für die mobile Betreuung alter und kranker Menschen in ihren Wohnungen. Dieser Bedarf ist gegeben durch die starke Abwanderung aus dem nordöstlichen Grenzgebiet. In der Folge wird dieses Modell landesweit verwirklicht.
1979	Erstes Auftreten der Herzerkrankung, die zur Beendigung der Arbeit im öffentlichen Dienst führt

1981	Wegen des dringenden Bedarfs teilweiser Wiedereinstieg in die Familienberatung; daneben Engagement in der Polenhilfe (bis 1989). Im Rahmen dieser gänzlich privaten Aktion Adoption des damals achtzehnjährigen Thaddäus
1990	Tod der Mutter, die von Maria sechs Jahre lang gepflegt worden war (der Vater starb 1967)
1992	Erste Sprechstunde für Gastarbeiter; sie fällt zeitlich mit dem Ausbruch des Krieges in Jugoslawien zusammen.
September 1994	Maria erhält den mit 100.000 Schilling dotierten Preis des UNO-Hochkommissariats für Flüchtlingshilfe (UNHCR) für ihre vorbildliche Integrationsarbeit.
Jänner 1995	Die Mitarbeiter des ORF-Landesstudios Niederösterreich wählen Maria zur „Frau des Jahres".
Mai 1995	Ehrenring der Stadtgemeinde Poysdorf und Verleihung des Stefanus-Ordens durch Erzbischof Christoph Schönborn
29. September 1995	Verleihung des Anerkennungspreises der Bruno-Kreisky-Stiftung für Verdienste um die Menschenrechte

16. Oktober 1995	Briefbombenattentat
26. Oktober 1995	Entlassung aus dem Krankenhaus Mistelbach
5. November 1995	Solidaritätsfackelzug für Maria mit rund 1000 Personen in Poysdorf, gleichzeitig Gründungsversammlung der „Bewegung Mitmensch – Flüchtlingshilfe Poysdorf"
Jänner 1996	Der deutsche Fernsehsender ARD wählt Maria zur „Frau des Jahres".